복잡한 법 말고,

진짜 형사 사건

채다은 변호사가 설명하는

채다은 지음

형사
사건

좋은땅

2020년 3월경 『진짜 성범죄 사건』을 출간하였습니다. 그리고 1년 만에 두 번째 시리즈인 『진짜 형사 사건』을 선보이게 되었습니다.

이 책들은 법을 잘 알지 못하는 분들을 대상으로 한 것으로 실제 사건들을 소개하며 최소한의 법 상식을 다루고 있습니다. 그래서 각 사건별 주제에 대해 쉽게 그리고 부담스럽지 않게 읽을 수 있도록 하는 것을 목표로 하였습니다.

우리가 살아가면서 뉴스나 신문을 통해 접해 보았던 범죄들, 그리고 그러한 사건 속에서 쟁점이 되었던 것들을 담고 있습니다. 형사 사건의 피해자가 되지 않기 위해 알아 두어야 할 상식과 형사 사건의 피의자가 되었을 때 놓쳐서는 안 될 점들에 대해 최근 2년 내에 선고된 판례의 사실관계 위주로 정리하여 설명하였습니다.

형사 사건은 시대에 따라 새로운 모습으로 변신합니다. 그리고 대부분의 경우 예상치 못하게 사고처럼 찾아오지요. 형사 사건은 법을 잘 모르는 이는 물론이고 법을 잘 아는 이에게도 너무나 두려운 일일 수밖에 없습니다. 인생에서 큰 고난을 맞이하셨을 때 이 책이 미약하나마 도움이 되었으면 합니다.

봄을 맞이하느라 공기도 따사로워진

2021년 2월의 어느 날

채다은

- 피해자는 형사재판의 당사자가 아닙니다

형사 사건은 단순하지 않고, 민사 사건에 비해 일반인의 상식과도 조금 다른 부분이 있습니다. 예를 들어서 형사 사건의 피해자는 형사재판의 당사자가 아닙니다. 보통 형사재판의 당사자는 '피해자'와 '가해자'라고 오해하기 쉽지만, 형사재판은 '검사'와 '가해자'[1]가 당사자입니다.

그렇기 때문에 피해자는 재판에 출석하지 않습니다. 다만 원하는 경우 재판 방청이 가능하고 증인으로 출석하여 진술할 수도 있습니다. 형사재판정에 가 보면 판사석, 검사석, 피고인석(옆에 변호인석)으로 구성되어 있습니다. 다시 말해 피해자의 자리는 정해져 있지 않습니다.

피해자는 형사재판의 당사자가 아니기 때문에 피해자는 가해자 측의 주장에 적극적으로 방어하거나 공격하는 역할을 하지 않습니다.

---

1   유죄가 확정되지 않은 상태에서 수사나 재판을 받은 자를 가해자라고 표현하는 것은 정확하지 않습니다. 피의자, 피고인이라는 표현이 더 적절합니다. 그러나 일반인들을 대상으로 쉽게 설명하고자 하는 책의 취지상, 그리고 '피해자'와 대비되는 단어로서 '가해자'라고 표현하였습니다.

그렇기 때문에 피해자는 수사 과정에서 체득한 증거기록을 열람하거나 복사하는 데도 제약이 있습니다. 가해자 측의 유죄를 입증하는 것은 검사의 역할이기 때문입니다.

- 피해자, 가해자 측은 모두 변호사의 도움을 받을 수 있습니다

위에서 설명한 바와 같이 피해자는 형사재판의 당사자는 아닙니다. 그러나 형사 사건에서 변호사의 역할은 크게 둘로 나눌 수 있습니다. 가해자 측을 변호할 수도 있고 피해자 측을 대리할 수도 있습니다.

형사 사건에서만 쓰이는 용어가 바로 '변호인'입니다. 변호사는 자격 혹은 직업을 뜻하는 단어입니다. 변호인은 형사소송에서 피의자나 피고인의 이익을 변호하는 자를 뜻하는데, 변호사가 그런 역할을 하는 것입니다.[2] 변호사와 변호인을 혼용하여 표현하는 경우가 많은데 이는 잘못된 표현입니다. 변호인은 형사 사건에서 가해자 측에만 쓰이기 때문에, 민사 사건에서 원고 측 변호인이라거나 피고변호인이라는 표현은 틀린 것입니다.

---

2 변호인 중에 예외적으로 변호사가 아닌 사람도 있으나 이는 일반적이지 않으니 자세한 설명은 생략합니다.

변호인 중에서는 법원이 선임하는 국선변호인과 피고인 측이 선임하는 사선변호인으로 나눌 수 있으며, 국선 사건만 전담으로 하며 법원에 소속된 변호사를 국선전담변호사라고 합니다. 국선변호사 선정이 필요한 경우, 법원은 해당 법원의 국선전담변호사나 국선변호인 활동을 지원하여 법원이 선정한 변호사들 중에서 임의로 선정하게 됩니다. 그리고 피고인이 원하는 변호사를 특정하여 자신의 국선변호사로 선정해 달라고 법원에 청구하는 방법은 없습니다.

한편 피해자는 변호해야 하는 대상이 아니기 때문에 피해자변호인이라는 용어는 틀린 표현입니다. 따라서 피해자 대리인이 올바른 표현입니다. 피해자 대리인은 피해자의 피해사실을 범죄를 구성하는데 필요한 요건을 정리하여 수사기관에 제출할 수 있습니다. 일반적으로 고소장이나 진정서 등의 형식으로 제출하게 되겠지요.

피해자가 자신의 피해사실을 신고나 고소 등의 방법으로 수사기관에 알리고 나면, 수사기관은 제일 먼저 피해자 측을 불러 피해사실에 대해 조사하게 됩니다. 이때 피해자 대리인인 변호사가 조사에 함께 출석하여 피해자가 조사받는 과정에서 도움을 줄 수 있습니다. 그리고 수사나 재판의 진행과정에서 피해자를 대리하여 가해자 측과 연락을 하거나 수사기관 및 법원과 소통을 하는 창구 역할을 해 주기도 합니다.

다시 말해 피해자는 형사재판의 당사자는 아니지만 변호사를 선임할 수 있고, 이때 변호사를 통해 절차 진행의 많은 부분에서 도움을 받을 수 있습니다.

- 고소·고발 접수는 범죄에 따라 수사기관을 달리하여야 합니다

예전에는 검찰청에 고소장이나 고발장을 접수하는 사건을 직고소·고발사건이라고 하였습니다. 검찰청에 고소·고발을 하였다고 하더라도 바로 검찰에서 수사를 하는 것은 아니었기 때문에 경찰서에 고소나 고발을 하는 것과 실질적으로 큰 차이는 없었습니다. 다만 처음부터 담당검사가 지정되고 검찰사건번호가 부여되기 때문에 직고소를 선호하는 의뢰인들도 적지 않았지요.

그러나 2021년 1월 1일부터 검경 수사권조정의 일환으로 검사의 수사개시 범위가 달라졌습니다. 검사는 부패·경제·공직자·선거·방위사업·대형참사의 6대 범죄[3]와 경찰공무원 범죄만 수사하고, 그 외 범죄는 경찰이 수사하도록 바뀐 것이지요. 이러한 이유로

---

3 3,000만 원 이상 뇌물수수, 5,000만 원 이상 리베이트 수수, 5억 원 이상 고액 사기, 산업기술 유출, 선거범죄 등이 이에 해당합니다. 보다 자세한 법률명 및 조문에 대해서는 「검사의 수사 개시 범죄 범위에 관한 규정」 및 동 시행규칙 내용을 참조하시길 바랍니다.

검찰청에 고소장을 제출하더라도 검사 수사개시 대상 범죄가 아니라면 해당 고소장은 접수가 반려될 수 있게 되었습니다.

따라서 폭행, 상해, 살인, 협박, 절도, 성범죄, 5억 원 미만의 사기·횡령 등과 같이 일반적인 범죄들에 대해서는 고소·고발장을 경찰서에 제출하여야 합니다.

- 형사 사건은 변호사의 도움을 받는 것이 무엇보다 중요합니다

가해자를 고소하는 경우는 물론 고소를 당하여 피의자 신분이 된 경우, 변호사의 도움을 받는 것이 매우 중요합니다. 그 이유는 여러 가지가 있는데 크게 세 가지로 설명할 수 있을 것 같습니다.

첫째, 각각의 범죄는 그것이 성립하는 데 필요한 요건을 가지고 있습니다. 그것을 구성요건이라고 하는데 이 내용을 제대로 이해하고 있어야 공격과 방어가 가능합니다. 따라서 아무리 자세히 설명을 한다고 하더라도 구성요건에 대한 부분을 다투지 않는다면 유무죄 성립에 아무런 도움이 되지 못합니다. 한편 수사기관은 조사당사자에게 주로 구성요건이나 그와 관련된 내용에 대한 질문을 하는데 형사

법에 대한 이해가 부족한 사람은 그 의도를 파악할 수가 없습니다. 그래서 결론적으로 자신에게 불리한 답변인지 유리한 답변인지도 모르는 채 진술조서를 작성하게 되는 경우가 적지 않습니다.

둘째, 수사단계에서 수사기관은 피해자나 피의자에게 자신이 수집한 증거를 공개·제공하지 않습니다. 쉽게 비유를 하자면 유죄를 주장하는 A와 무죄를 주장하는 B가 있다고 할 때 수사기관 입장에서는 상반된 주장을 하는 두 사람 중 누구의 말이 맞는지 알 수가 없습니다. 그렇기 때문에 각자 무슨 말을 했는지 혹은 각자 어떠한 자료를 제출했는지 서로에게 알리지 않고 수사를 해 나갑니다. 쉽게 말해 자신의 패를 보여 주지 않는 것이지요. 예를 들어 수사기관은 CCTV 영상을 확보한 경우에도 어떠한 장면이 찍혀 있는지 알려 주거나 보여 주지 않은 채 당시 어떤 일이 있었는지 질문합니다. 따라서 정보의 불균형 때문에 변호사의 도움 없이는 수사를 받는 과정에서 매우 불리할 수밖에 없는 것이지요.

셋째, 형사 사건의 진행 절차는 매우 복잡하고 다양합니다. 수사가 끝나 기소가 되면 비로소 피고인은 증거기록을 들여다볼 수 있게 됩니다. 이때 재판부에 증거기록 복사를 신청하여야 하고, 절차가 진행

됨에 따라 재판기록을 추가로 복사하여야 할 수도 있습니다. 이러한 절차는 모두 서면으로 신청하여야 하기 때문에 익숙하지 않은 경우 어려움을 겪을 수 있습니다. 또한 형사 재판에서는 수사과정에서 수집하여 검사가 제출한 증거에 대한 인부(인정과 부인)를 해야 하는데 이는 매우 전문성을 요구하는 절차입니다. 따라서 전문가의 도움이 없이 이 절차들을 순조롭게 진행하기는 어려운 것이지요.

그 외에도 일일이 다 설명하기 어려울 정도로 형사 사건에서 변호사를 선임하여야 하는 이유는 많습니다. 제대로 된 법률적 도움을 받지 못하는 경우 피해자의 입장에서 제대로 된 도움을 받지 않아 자신이 입은 피해를 입증하지 못하거나, 자신의 혐의에 대해 제대로 방어하지 않아 잘못하지 않은 일로도 전과자가 될 수 있는 것입니다. 따라서 형사 사건에 휘말리게 되는 경우 반드시 변호사의 도움을 받아 대응하시길 권해 드립니다.

목차

사기

　재산범죄 중 가장 흔한 유형은 바로 사기죄가 아닐까 싶습니다. 일상생활에서도 '사기꾼'이라는 표현이나 사기와 관련된 단어가 많이 쓰이기도 하지요. 쉽게 생각하는 만큼 사기죄의 성립에 대해 정확히 알아 둘 필요가 있습니다.

　사기죄는 다른 사람을 속여 재물이나 재산상 이익을 얻은 경우에 성립합니다. 그러므로 사기죄는 ① 피해자를 속이려는 마음을 먹고, ② 피해자를 속여, ③ 이에 속은 피해자가 처분행위를 하여 이익을 얻은 때에 성립하게 됩니다. 따라서 위 요소들을 모두 만족한 때에 사기죄가 성립합니다.

　그리고 사기죄는 미수를 처벌하는 규정이 있으므로, ①과 ② 행위를 하였으나 피해자가 속지 않거나 처분행위를 하지 않은 경우 미수로 처벌될 수 있습니다.

제347조(사기) ① 사람을 기망하여 재물의 교부를 받거나 재산상의 이익을 취득한 자는 10년 이하의 징역 또는 2천만 원 이하의 벌금에 처한다.
② 전항의 방법으로 제삼자로 하여금 재물의 교부를 받게 하거나 재산상의 이익을 취득하게 한 때에도 전항의 형과 같다.
제352조(미수범) 제347조의 미수범은 처벌한다.

많은 분들께서 '돈을 빌려 가 놓고 갚지 않는 경우 사기죄가 성립한다.'라고 생각하는 경우가 많은데, 이는 잘못된 생각입니다. 돈을 빌려 갔는데 돈을 갚지 않는 것은 두 가지 유형으로 구별할 수 있겠지요. 첫 번째는 처음부터 갚을 생각이나 능력도 없으면서 마치 갚을 것처럼 속여서 돈을 빌려 간 경우이고, 두 번째는 처음에는 갚으려는 생각으로 빌린 것인데 사정이 여의치 않아 제때 갚지 못하게 된 경우일 것입니다.

위에서 사기죄에 관해 설명하였듯이 사기죄는 피해자를 속이려는 마음을 먹어야 성립하는 범죄입니다. 따라서 첫 번째 유형처럼 처음부터 갚을 생각이나 능력도 없으면서 속인 것이었어야만 사기죄가 성립하며 이러한 사정에 대해서는 증거가 필요합니다. 그러므로 두 번째 유형처럼 사정이 여의치 않아 빌린 돈을 갚지 못한 경우는 사기죄는 성립하지 않고, 민사상 채무불이행으로 다툴 수 있을 뿐입니다.

부동산 매매 사기 / 혐의없음

Z는 □□공장의 소유자였고, A는 Z의 처였습니다. A는 2020년 8월경 Z를 대리하여 X와 공장 건물 매매에 관하여 논의하고 있었는데, 2020년 10월경 Z가 사망하였고, 그 결과 A는 Z의 위 공장을 상속받았습니다.

A는 공장 건물에 은행으로부터 9천여만 원의 근저당권이 설정된 사실과 신용보증기금으로부터 1억여 원의 가압류가 설정되어 있음에도 X에게 이러한 사정을 자세히 알리지 않고, 공장 건물을 4억 원에 매매하는 계약을 체결하고, 이후 X로부터 계약금과 중도금으로 총 2억 4천여만 원을 받았습니다.

X는 A와 □□공장을 인수하기 위하여 해당 공장건물에 대한 매매계약을 체결하기로 하였는데, 당시 A는 "공장 건물에 은행으로부터 7천여만 원 상당의 근저당권이 설정되어 있다."라는 이야기를 하면서, 이를 모두 변제한 뒤 인도해 주겠다고 하였고, 그래서 X는 공장 건물에 은행 근저당권 7천여만 원만 설정된 줄 알고 A가 제시하는 금액에 공장 건물 매매계약을 체결하였다고 설명하였습니다.

그러나 X는 공장건물의 매매계약 체결 후 공장 건물에 1억여 원의 가압류가 설정된 사실이 있다는 것을 알았고, 세무서에서도 금액을 정확히 알 수 없는 압류가 들어와 있는 등 A가 계약 당시 설명하지 않은 채무가 있음을 알게 되었다는 것이었습니다. 결국 X는 A가 처음부터 자신을 속여 공장 건물을 비싼 가격에 판매하려 한 것이라며 A를 사기로 고소하였습니다.

이에 A는 자신의 남편인 Z 명의로 되어 있던 공장 건물에 대하여 자신은 남편을 대리하여 매매계약을 진행한 것이었기 때문에, 본인도 계약 당시에는 공장 건물에 가압류 등이 설정된 것을 알지 못하였다가 Z가 사망한 이후에야 상속 재산 정리를 하는 과정에서야 비로소 이러한 사실을 알게 되었다고 주장하였습니다.

사기죄의 구성요건 중 타인을 속이려고 의도하는 것은 '기망의 고의'라고 하고, 실제로 속이는 것을 '기망행위'라고 합니다. 정리하자면 X는 'A가 공장 건물에 가압류 등 설정되어 있는 사실을 속여 자신에게 판매하려 하였다.'라는 것이고, A는 '계약 당시에는 자신도 공장 건물에 가압류 등이 설정되어 있는 사실을 알지 못했고, 또 알 수 없었기 때문에 기망의 고의가 없었다.'라고 주장한 것이었지요. 결국 이 사건은 A가 X에게 기망의 고의를 가지고 기망행위를 한 것인지가 쟁점이었습니다.

A는 신용보증에서 가압류 결정이 된 사항을 송달받지 못하였음을 입증하기 위하여 해당 가압류 사건 진행사항을 출력하여 증거로 제

출하며, 자신은 공장 건물의 매매계약을 할 당시 가압류 등을 알지 못하였음을 입증하였습니다. 그리고 A도 Z의 재산을 상속하는 과정에서 Z가 살아 있는 동안에는 전혀 알지 못했던 채무가 있음을 비로소 알게 되었다며, 이러한 사실을 입증하고자 A가 Z의 상속인으로서 그의 재산을 정리하고 한정승인을 하고자 하였던 점, 그리고 X에 대해서는 계약금과 중도금으로 받은 2억 4천만 원을 도의적으로 우선 변제하려고 노력한 점 등 여러 정황 증거를 제출하기도 하였습니다.

한편 X는 이 사건 매매계약 당시 해당 공장 건물의 부동산등기부등본을 확인해 보지 않았습니다. 이러한 사정들을 두루 살핀 결과 검사는 "통상적으로 부동산 매매거래를 할 경우 목적물에 대한 가압류 및 근저당 설정 여부는 거래 당사자 간 부동산 등기부등본만 조회하여도 쉽게 알 수 있기 때문에 A가 X에 대하여 이 사실을 적극적으로 숨기는 등 기망행위가 있었다고 볼 수 없다."라고 판단하였습니다. 결국 A는 혐의없음(증거불충분) 처분을 받았습니다.

사람이 처음부터 누군가를 속이려고 마음먹고 있었다는 건 눈에 보이지 않기 때문에 전후사정을 따져 보지 않고서는 알기가 어렵습니다. 그렇기 때문에 어떠한 계약을 체결하는 당시에 기망의 고의가 있는지, 기망행위가 있었는지는 당시 계약의 당사자들이 알고 있었던 정보, 알 수 있었던 정보, 알려 주었어야만 하는 정보와 그 사정들에 대해 꼼꼼하게 따져 보아야 하는 것입니다. 또한 거래 목적물이 부동산인 경우 등기부등본에는 소유자 및 채권채무에 관한 정보 등 중요한 정보가 담겨 있기 때문에, 계약 당일 등기부등본을 반드시 확인해 보시길 권합니다.

A는 Z 등과 함께 SNS 및 이메일 등으로 피해자들에게 접근하여 호감을 표시하고, 재력 외모 등을 내세워 신뢰를 형성한 후 비용 명목으로 금원을 편취하기로 공모하였습니다.

이후 Z는 UN군, 부동산 사업가, 해외 인기 연예인 등을 사칭하며 피해자들에게 통관료 등 명목으로 금원을 요구하거나 돈을 빌려 달라면서 계좌로 이체하도록 유도하고, A는 Z로부터 지시를 받아 편취금을 인출하거나 다른 계좌로 이체하는 역할을 담당하였습니다.

A는 이러한 방법으로 총 15명의 피해자들로부터 합계 약 2억 원을 편취하였습니다.

'로맨스 스캠(Romance Scam)' 혹은 '비즈니스 스캠(Business Scam)'이라는 이름의 신종 사기 피해가 늘어나고 있습니다. 이는 해외에서 타인의 SNS 계정을 해킹하거나 가상의 인물로 SNS 계정을 만든 다음, 그 계정을 통하여 피해자들에게 무작위로 연락을 하여 친분을 쌓고 친구나 연인과 같은 친밀한 관계를 형성하는 등 신뢰를 쌓고 이를 기회로 피해자들에게 금전을 대여하거나 사업과 관련한 비용 명목으로 편취하는 범죄 형태를 말합니다.

　이는 보이스피싱과 유사하게 유인책과 편취한 금원을 송금받을 계좌를 조달하는 조달책, 편취 금원을 인출하는 인출책 등으로 서로 기능적으로 분담하는 구조를 가지고 있어 매우 조직적으로 유지 · 관리 된다는 특징이 있습니다.

또한 피해자를 장기간 속이면서 반복적으로 금원을 편취하기 때문에 피해 금액이 적지 않은 것은 물론 신뢰하였던 피해자에게 정신적인 피해를 주었다는 심각한 문제도 가지고 있습니다.

법원은 이 사건과 같은 범행은 불특정 다수의 피해자들에게 조직적 · 계획적 · 지능적으로 범행이 실행되고 피해자에게 회복하기 어려운 물질적 · 정신적 피해를 발생시킨 점에서 범행가담자들을 엄벌할 필요성이 있다고 강조하였습니다. 그러면서 법원은 피해자들의 피해가 제대로 회복되지 않았고, 회복될 가능성도 없어 보이는 점, A의 가담 정도 및 편취금액에 비해 A가 취득한 이득액은 많지 않은 점 등을 이유로 A에게 징역형을 선고하였습니다.

SNS 등을 이용한 신종사기의 경우 많은 피해자가 발생하고 심각한 사회적인 문제를 일으키는 경우가 많습니다. 그렇기 때문에 법원은 초범인 경우에도 징역형의 실형과 같이 중형을 선고하고 있습니다. 따라서 이러한 일에 연루되거나 가벼운 마음으로 사람을 속이는 정도로 생각하고 범죄를 저질러서는 안 될 것입니다.

연인 간 금전대여 사기 / 징역형

A는 당시 연인이었던 X에게 "아버지가 암수술을 해야 하니 돈을 빌려 달라."
라고 하여 총 6회에 걸쳐 4천만 원을 받았습니다. 그러나 사실 A는 X가 빌려
준 돈으로 굿을 할 생각이었고 X가 자신에게 돈을 빌려주더라도 갚을 수 있는
상황이 전혀 아니었습니다.

이후 A는 새로운 연인 Y에게 "내가 소유하고 있는 아파트를 급히 처분해야 하
는데 덩어리가 크다 보니 잘 매매가 되지 않는다. 아버지가 사업을 하시다 부
도가 날 위기상황이라 이 집을 내놓았는데 잘 나가지 않아 걱정이다. 돈을 빌
려주면 집을 처분하고 바로 갚겠다."라며 돈을 빌려 달라고 하였습니다.

그러나 사실 해당 아파트는 전혀 다른 사람의 소유였기 때문에 A가 팔 수 있
는 상황이 아니었습니다. 그럼에도 불구하고 Y는 A의 거짓말에 속아 2억 원
가량을 대여해 주었습니다.

사기죄의 경우 사기로 인해 얻은 금액으로 적용조항이 달라지는
특징이 있습니다. 즉 이득액이 5억 원 미만일 때는 일반「형법」제347
조가 적용되고, 5억 원 이상 50억 원 미만일 때는「특정경제범죄 가중
처벌 등에 관한 법률」제3조 제1항 제2호가 적용되며, 50억 원 이상일
때는 동조 동항 제1호가 적용되며 자세한 내용은 아래와 같습니다.

형법

제347조(사기) ① 사람을 기망하여 재물의 교부를 받거나 재산상의

이익을 취득한 자는 10년 이하의 징역 또는 2천만 원 이하의 벌금에 처한다.

② 전항의 방법으로 제삼자로 하여금 재물의 교부를 받게 하거나 재산상의 이익을 취득하게 한 때에도 전항의 형과 같다.

특정경제범죄 가중처벌 등에 관한 법률

제3조(특정재산범죄의 가중처벌) ① 「형법」 제347조(사기)의 죄를 범한 사람은 그 범죄행위로 인하여 취득하거나 제삼자로 하여금 취득하게 한 재물 또는 재산상 이익의 가액(이하 이 조에서 "이득액"이라 한다)이 5억 원 이상일 때에는 다음 각 호의 구분에 따라 가중 처벌한다.

1. 이득액이 50억 원 이상일 때: 무기 또는 5년 이상의 징역

2. 이득액이 5억 원 이상 50억 원 미만일 때: 3년 이상의 유기징역

② 제1항의 경우 이득액 이하에 상당하는 벌금을 병과(倂科)할 수 있다.

사기죄처럼 피해내용이 금전적인 손해인 경우, 제일 중요한 것은 피해금액을 변제하는 것입니다. 일단 사기죄가 성립하더라도 피해금액이 모두 변제되어 피해자가 더 이상 처벌을 원하지 않는다면 경한 처벌을 받을 수 있기 때문입니다. 따라서 사기죄로 재판을 받는 경우

가능한 많은 피해금액을 변제하는 것이 최선의 방법입니다.

 이 사건의 경우 A가 X로부터 아버지 암 수술비 명목으로 돈을 빌린 당시 A의 아버지는 수술은커녕 암 진단조차 받지 않은 상태였습니다. 따라서 수술비로 사용하려고 하였다는 것은 거짓말임이 명백했습니다. 다만 A는 "갚으려고 했다. 굿을 한다고 하면 안 빌려줄 것 같아서 연인 사이에 가벼운 거짓말을 하였을 뿐이지 사기를 치려고 했던 것은 아니다."라고 주장하였지요. 그러나 A는 X가 돈을 빌려줄 당시 아무런 경제활동을 하지 않고 있었기 때문에 X가 빌려준 돈을 갚을 능력이나 의사가 있었다고 볼 수 없었습니다.

 사기죄의 실행행위로서의 기망은 반드시 법률행위의 중요 부분에 관한 허위표시임을 요하지 아니하고, 상대방을 착오에 빠지게 하여 행위자가 희망하는 재산적 처분행위를 하도록 하기 위한 판단의 기초가 되는 사실에 관한 것이면 충분하므로 용도를 속이고 돈을 빌린 경우에 만일 진정한 용도를 고지하였더라면 상대방이 빌려 주지 않았을 것이라는 관계에 있는 때에는 사기죄의 실행행위인 기망은 있는 것으로 보아야 할 것이다(대법원 95도707 판결 참조).

그러므로 A가 X에게 "아버지 암 수술비로 쓸 테니 돈을 빌려 달라." 라고 하고 전혀 다른 용도로 사용하였다면 이 또한 사기죄의 기망행위에 해당하는 것이지요.

한편 실무상 사기죄의 경우 잔존 피해금액이 1억 원을 넘는 때에는 실형이 선고될 것으로 예측하고 있습니다.[4] 따라서 최대한 많은 금액을 변제하여 남은 피해금액을 1억 원 밑으로 떨어뜨리는 것이 실형을 면할 수 있는 가장 좋은 방법이라고 할 수 있습니다.

그러나 이 사건에서 A는 판결선고 시까지 피해금을 전혀 갚지 않았습니다. 그리하여 A가 아무런 전과 없는 초범인 상황이었음에도 불구하고 징역형의 실형을 면하지 못하였습니다.

---

4 물론 선고 결과는 전과 유무 등 여러 사정을 고려하여야 합니다. 하지만 재산범죄의 경우 피해금액이 매우 중요한 요소이므로 이러한 기준으로 보았을 때는 통상 이렇게 설명할 수 있다는 것이니 참고만 하시기 바랍니다.

휴대전화 채팅 어플리케이션 사기 / 집행유예

A는 휴대전화 채팅 어플리케이션 △△을 통해 피해자 X와 대화를 나누면서 "지갑을 잃어버렸다, 차비를 빌려 달라."라고 하였습니다.

이 과정에서 A는 자신의 정보를 전혀 제공하지 않아도 X의 돈을 찾을 수 있는, 금융 어플리케이션 □□의 최신 서비스를 이용하였습니다. A는 이러한 서비스를 이용하여 X가 자신의 명의 □□계정에 입금을 하면, A가 자신이 X인 것처럼 X의 생년월일과 X의 휴대전화로 전송된 인증번호를 입력하여 X가 입금한 금원을 ATM기에서 쉽게 인출할 수 있었습니다. A는 이런 식으로 X로부터 수차례 금원을 편취하여 총 500만 원 정도의 돈을 받았습니다.

A는 휴대전화 채팅 어플리케이션 ◇◇을 통해 알게 된 피해자 Y와 오픈채팅방에서 대화를 나누던 중 Y의 호감을 얻게 되자, Y에게 "6만 원만 보내 달라."라고 하였습니다.

그렇게 A는 Y로부터 총 200만 원 정도 되는 금원을 자신의 계좌로 이체받았습니다. 그러나 A는 Y에게 돈을 보내 달라고 하는 당시에 일정한 직업이 없어 Y로부터 돈을 빌리더라도 갚을 의사나 능력이 없었습니다.

스마트폰이 대중화된 이후 다양한 어플리케이션을 이용한 신생범죄가 발생하고 있습니다. 특히 채팅 어플리케이션을 통해 모르는 사람과 대면하지 않고 대화를 나누면서 발생하는 범죄가 많습니다.

이 사건에서 문제가 된 '□□ ATM 현금찾기'는 카드나 통장 없이 현금을 찾을 수 있는 것으로, 금융 어플리케이션인 □□의 기능 중의 하나입니다. 은행 ATM을 제외하고 편의점이나 지하철 ATM에서 '□□

ATM 현금찾기' 버튼을 누르고 □□ 어플리케이션의 승인번호만 누르면 누구나 출금이 가능하도록 되어 있지요. 이렇듯 지갑을 가지고 나오지 않은 경우, 급하게 현금을 찾는 데 매우 편리한 기능입니다만, 타인에게서 승인번호만 받으면 다른 인증절차 없이도 출금이 가능하기 때문에 사기에 노출되기도 쉬운 기능이기도 합니다.

위와 같은 방법으로 금원을 편취한 A는 징역형의 집행유예를 선고받았습니다.

잘 알지 못하는 사람과 채팅을 하는 경우 상대가 돈을 빌려 달라고 한다면 특히 조심해야 합니다. 더욱이 채팅 어플리케이션 중에는 개인정보를 인증하지 않고 가입·이용이 가능한 경우가 많이 있습니다. 따라서 고소를 하더라도 가해자 특정이 어려워 처벌은 물론 피해보상을 받기 어렵다는 점도 이해하는 게 좋습니다.

A는 인터넷 포털사이트 △△ 카페 '중고◇◇'에서 사실은 책을 가지고 있지도 않아 이를 판매할 의사나 능력이 없음에도 불구하고 책값 45,000원을 송금하면 택배로 보내 줄 것처럼 거짓말을 하여 이에 속은 피해자로부터 A명의 계좌로 송금을 받은 것을 비롯하여 약 3개월간 총 100여 명의 피해자로부터 합계 1,000만 원 정도를 송금 받은 혐의로 재판을 받게 되었습니다.

온라인 중고거래 사기 사건을 들여다보면 이미 전과가 여러 건 있거나 진행 중인 사건이 많은 경우가 대부분입니다. 그만큼 온라인상에서 중고거래가 흔하게 일어나고 있고, 중고거래 사기의 경우 같은 수법으로 다수의 피해자로부터 쉽게 현금을 편취할 수 있기 때문일 것입니다.

A 역시 이 사건 범죄를 저지르기 전 다수의 동종 전과를 가지고 있었고, 징역 1년 6월의 실형을 선고받아 형집행을 종료하고 석방되자마자 또 다시 범죄를 저지른 상황이었습니다.

이 사건 법원은 "피고인이 범행 모두를 자백하고 반성하고 있으나, 장기간에 걸쳐 인터넷 사이트에서 불특정 다수인을 상대로 다양한 종류의 물품 거래를 빙자한 범행을 저질러 전자상거래 질서를 어지럽히고 다수의 피해자를 양산하여 죄질이 매우 불량한 점, 피해 금액

합계가 1,000만 원을 상회하는 큰 금액인 반면 피해 회복을 위한 노력이 전혀 이루어지지 않은 점, 동종 수법의 사기 전과가 10여 회에 이르고 실형을 복역한 후 교화되는 모습을 보이지 않은 채 누범 기간에 재범하는 형태를 반복해 오고 있는 점, 이 사건 범행들 역시 동종 수법의 사기죄로 실형을 복역하고 출소한 후 보름이 안 된 누범 기간에 시작된 점에 비추어 피고인을 엄벌함이 마땅하다."라며 징역 2년 6개월의 실형을 선고하였습니다.

법원이 양형의 이유로 설시한 내용에 비추어 보면 피해자에게 피해금액을 변제하고 피해자와 합의를 하는 것, 그리고 같은 잘못을 반복하고 있는지 여부가 사기죄 양형에서 매우 중요한 요소임을 다시 한번 확인할 수 있습니다.

압류 및 추심명령 소송사기 / 무죄

A는 2019년경 면책확인판결이 확정되어 X의 A에 대한 대여금 채무가 면책되었다는 사정을 알면서도, 2012년경 받은 대여금 판결을 원인으로 법원에 2020년 6월경 압류 및 추심명령을 받고, 2020년 7월 X명의 ◇◇은행 계좌에서 800만 원을 추심하였습니다.

이 사건은 1심에서 A가 법원 측을 속여 압류 및 추심명령을 받아 이를 통해 ◇◇은행으로부터 800만 원을 교부받아 편취하였다는 소송사기 혐의가 인정되어 벌금형을 선고받은 후, 항소심에서 무죄를 받은 사안입니다.

이 사건에서는 A가 X의 채무가 면책되었다는 사정을 알면서도 채권추심을 한 것인지, 면책된 사정을 몰라서 자신이 가진 채권으로 추심을 한 것인지 여부, 즉 A에게 기망행위 및 기망의 고의가 있었는지 여부가 쟁점이었지요.

소송사기는 법원을 기망하여 자기에게 유리한 판결을 얻음으로써 상대방의 재물 또는 재산상 이익을 취득하는 것을 내용으로 하는 범죄로서, 이를 처벌하는 것은 필연적으로 누구든지 자기에게 유리한 주장을 하고 소송을 통하여 권리구제를 받을 수 있다는 민사재판제도의 위축을 가져올 수밖에 없으므로, 그 소송상의 주장이 사실과 다름이 객관적으로 명백하거나 피고인이 그 소송상의 주장이 명백히 허위인 것을 인식하였거나 증거를 조작하려고 한 흔적이 있는 등의 경우 외에는 이를 쉽사리 유죄로 인정하여서는 안 된다(대법원 2002도5190 판결 등 참조).

채무자 회생 및 파산에 관한 법률에 의한 면책결정이 확정되어 채무자의 채무를 변제할 책임이 면제되었다고 하더라도, 이는 면책된 채무에 관한 집행권원의 효력을 당연히 상실시키는 사유는 되지 아니하고 다만 청구이의의 소를 통하여 그 집행권원의 집행력을 배제시킬 수 있는 실체상의 사유에 불과하며, 면책결정의 확정은 면책된 채무에 관한 집행력 있는 집행권원 정본에 기하여 그 확정 후 비로소 개시된 강제집행의 장애사유가 되지 아니한다. 한편 면책된 채무에 관한 집행권원을 가지고 있는 채권자에 대한 관계에서 채무자는 청구이의의 소를 제기하여 면책의 효력에 기한 집행력의 배제를 구하는 것이 법률상 지위에 현존하는 불안·위험을 제거하는 유효적절한 수단이 되므로 이러한 경우에 면책확인을 구하는 것은 분쟁의 종국적인 해결 방법이 아니므로 확인의 이익이 없어 부적법하다(대법원 2013마1438 결정, 2017다17771 판결 등 참조).

이 사건 항소심 법원은 위 대법원 판례 법리에 비추어 보아 "면책확인 판결이 있었다고 하더라도 A의 채권 자체가 소멸한 것은 아니기 때문에 A가 강제집행 신청 과정에서 허위의 주장을 하였다거나 증거를 조작하였다고 볼 수 없다."라고 보았습니다.

또한 A가 80대 고령이며 최종학력이 중학교 졸업인 점, A에 대한 면책확인 판결정본의 송달이 불가능하여 공시송달 방법으로 송달된 점(A가 면책확인 판결문을 직접 송달받지 못한 점), A가 이 사건 강제집행 신청 당시에 면책확인 소송의 확정 사실과 그 법률적 의미를 명확하게 알고 있었다고 단정하기 어려운 점으로 보아 A에게 기망행위의 존재 및 기망의 고의가 있었다는 점이 충분히 입증되지 못하였다며, 1심 법원의 판결을 파기하고 무죄를 선고하였습니다.

한편 이 사건에서 X는 '2012년경 대여금 판결 이후 A에게 해당금원을 모두 변제하여 채권이 소멸되었는데, A가 이러한 사정이 있음에도 불구하고 법원을 속여 또 돈을 받아 간 것이다.'라는 주장을 하기도 하였습니다.

항소심 법원은 이에 대해 "변제 등으로 채권이 소멸되었음에도 불구하고, 판결정본을 소지하고 있음을 기회로 이를 근거로 하여 강제집행을 하였다면 사기죄가 성립한다."라면서 "그러나 이 사안의 경우 X는 A의 채권이 변제로 소멸되었다고 진술하고 있으나, 변제 여부에

관하여 양측 의견이 달라 다툼이 있고, 변제사실을 알 수 있는 객관적
인 자료가 없다."라는 이유로 X의 주장이 받아들여지지 않았던 사정
이 있습니다.

장기입원 보험사기 / 무죄

A는 2016년경 암 수술을 받은 병력이 있는 자로서, △△한방병원에서 통원 치료가 충분히 가능하다는 것을 인지하였음에도 입원일수를 늘릴 목적으로 2018년경 20일간 장기 입원을 하다가 개인적인 사유로 며칠 동안 퇴원한 후 다시 입원하는 등 계속하여 입원과 퇴원을 반복하였습니다. 한편 A는 보험회사 X의 실비보험에 가입하고 보험료를 납입하고 있었습니다.

결국 A는 보험회사 X를 기망하여 총 30여 회 입·퇴원을 반복하여 보험회사 X로부터 합계 8천여만 원의 보험료를 지급받았다는 혐의로 재판을 받게 되었습니다.

검사는 A가 △△한방병원 의사인 B, C와 공모한 후 이와 같은 범행을 저지른 것이라고 주장하며, 이에 대한 근거로 의사 B, C가 한방병원을 설립하는 과정에서 막대한 채무를 지고 있던 사정 등을 제시하였습니다.

다시 말해, B와 C는 병원의 수익을 높이기 위해 입원이 필요하지 않으나 보험회사로부터 보험금을 지급받기 위해 입원을 하려는 환자들을 상대로 환자들이 병원에 정상적으로 입원하여 치료를 받은 것처럼 진료기록부 등의 의료기록을 허위로 작성하여 국민건강보험공단으로부터 요양급여를 지급받고, 환자들에게 입원확인서를 발급해 주는 방법으로 환자들이 보험회사로부터 보험금을 허위로 청구할 때

이를 용이하게 해 주기로 공모하였다는 것이었습니다. 그리고 이러한 B, C의 범행에 A역시 함께하여 보험금을 편취한 것이라는 주장이었지요.

'입원'이라 함은 환자의 질병에 대한 저항력이 매우 낮거나 투여되는 약물이 가져오는 부작용 또는 부수효과와 관련하여 의료진의 지속적인 관찰이 필요한 경우, 영양상태 및 섭취음식물에 대한 관리가 필요한 경우, 약물투여·처치 등이 계속적으로 이루어질 필요가 있어 환자의 통원이 오히려 치료에 불편함을 끼치는 경우 또는 환자의 상태가 통원을 감당할 수 없는 상태에 있는 경우 감염의 위험이 있는 경우 등에 환자가 병원 내에 체류하면서 치료를 받는 것으로서, 보건복지부 고시인 '요양급여의 적용기준 및 방법에 관한 세부사항' 등의 제반규정에 따라 환자가 6시간 이상 입원실에 체류하면서 의료진의 관찰 및 관리하에 치료를 받는 것을 의미한다고 할 것이나, 입원실 체류시간만을 기준으로 입원 여부를 판단할 수는 없고, 환자의 증상, 진단 및 치료 내용과 경위, 환자들의 행동 등을 종합하여 판단하여야 한다(대법원 2004도6557 판결 참조).

형사재판에 있어 유죄의 인정은 법관으로 하여금 합리적 의심을 할 여지가 없을 정도로 공소사실이 진실한 것이라는 확신을 하게 하는 증명력을 가진 증거에 의하여야 하므로, 이러한 정도의 심증을 형성하는 증거가 없다면 설령 피고인에게 유죄의 의심이 간다고 하더라도 피고인의 이익으로 판단할 수밖에 없다(대법원 99도4305 판결 등 참조).

그러나 A는 2015년경 암수술을 받은 이후 2018년경 다른 암수술을 받은 사실이 있는 점을 증거로 제시하며, '암은 재발 방지를 위한 치료와 관리가 중요하며, 항암치료 과정은 각종 부작용이나 후유증이 동반할 수 있으므로, 다른 질병이나 상해에 비하여 입원을 통한 진료의 필요성이 높다.'라는 점을 강조하였습니다.

또한 A는 자신이 △△한방병원 의사의 지시와 결정에 따라 입원을 하게 된 것이며, 입원치료가 필요한지 여부에 대한 판단은 의학적 전문지식을 필요로 하는 것이므로 진료를 본 의사가 환자에게 입원치료를 권할 경우 그 판단을 신뢰할 수밖에 없는 것임을 설명하였습니다. 더욱이 A의 경우 두 차례 암수술을 받은 이후 항암치료를 지속하고 있었기 때문에 의사가 입원치료를 권하는 경우 당연히 입원이 필요하다고 판단할 수밖에 없었을 것이라는 특별한 사정이 있었다는 것이었지요.

그러므로 A가 입원하여 △△한방병원에서 받은 치료가 항암치료

과정에서 회복과 무관하다거나 의학적 근거가 전혀 없는 치료라고 단정할 수 없는 한, 해당 치료는 의사의 처방에 따른 것으로서 A가 의학적 효용을 판단할 수 없기 때문에 A가 이러한 치료를 받아 보험회사 X를 기망할 수는 없다는 주장을 한 것입니다.

더욱이 A는 보험회사 X의 실비보험을 2016년경 가입하였는데, 이 보험은 A가 △△한방병원에서 입원치료를 받기 위해 치료 직전에 가입한 것이 아니었다는 점과 A의 보험금 청구에 대해 보험회사 X는 내부 심사를 거쳐 보험금 지급을 하였던 점이 A의 보험사기 고의가 전혀 없었음의 방증이라고 설명하였습니다.

결국 법원은 검사가 제출한 증거만으로는 A가 보험회사 X를 기망하여 입원의 필요성이 없었음에도 입원치료를 받아 보험금을 편취하였다는 점이 충분히 입증되었다고 보기 어렵다고 판단하여, A에게 무죄를 선고하였습니다.

★ 배상명령제도

만약 형사 사건의 피해자가 가해자를 고소하는 경우, 형사 사건을 통해서 피해를 배상받을 수 있는 방법은 '합의'밖에 없습니다. 다시 말해 형사고소를 하였는데 합의를 하지 못하고 형사 사건이 끝난 경우, 피해를 배상받고 싶은 피해자는 다시 가해자를 상대로 민사소송을 제기해야 합니다. 형사 사건은 가해자를 처벌하기 위함이고, 민사 사건은 위자료 등 금전을 받는 것을 목표로 하는 서로 다른 절차이기 때문입니다.

이러한 이유로 형사 사건의 피해자 입장에서는 추가적인 비용과 시간을 들여 민사소송을 추가로 제기해야 하는 번거로움이 있습니다. 그렇기 때문에 「소송촉진 등에 관한 특례법」에서는 일부 범죄에 대하여 배상명령제도를 두고 있습니다.

소송촉진 등에 관한 특례법

제25조(배상명령) ① 제1심 또는 제2심의 형사공판 절차에서 다음 각 호의 죄 중 어느 하나에 관하여 유죄판결을 선고할 경우, 법원은 직권에 의하여 또는 피해자나 그 상속인(이하 "피해자"라 한다)의 신

청에 의하여 피고사건의 범죄행위로 인하여 발생한 직접적인 물적 피해, 치료비 손해 및 위자료의 배상을 명할 수 있다.

1. 「형법」제257조 제1항, 제258조 제1항 및 제2항, 제258조의2 제1항(제257조제1항의 죄로 한정한다) · 제2항(제258조제1항 · 제2항의 죄로 한정한다), 제259조 제1항, 제262조(존속폭행치사상의 죄는 제외한다), 같은 법 제26장, 제32장(제304조의 죄는 제외한다), 제38장부터 제40장까지 및 제42장에 규정된 죄

2. 「성폭력범죄의 처벌 등에 관한 특례법」제10조부터 제14조까지, 제15조(제3조부터 제9조까지의 미수범은 제외한다), 「아동 · 청소년의 성보호에 관한 법률」제12조 및 제14조에 규정된 죄

3. 제1호의 죄를 가중처벌하는 죄 및 그 죄의 미수범을 처벌하는 경우 미수의 죄

② 법원은 제1항에 규정된 죄 및 그 외의 죄에 대한 피고사건에서 피고인과 피해자 사이에 합의된 손해배상액에 관하여도 제1항에 따라 배상을 명할 수 있다.

③ 법원은 다음 각 호의 어느 하나에 해당하는 경우에는 배상명령을 하여서는 아니 된다.

1. 피해자의 성명 · 주소가 분명하지 아니한 경우

2. 피해 금액이 특정되지 아니한 경우

3. 피고인의 배상책임의 유무 또는 그 범위가 명백하지 아니한 경우

4. 배상명령으로 인하여 공판절차가 현저히 지연될 우려가 있거나 형사소송 절차에서 배상명령을 하는 것이 타당하지 아니하다고 인정되는 경우

배상명령의 경우 모든 형사 사건에서 신청할 수 있는 것은 아니고, 신청할 수 있는 범죄와 조건이 규정되어 있기 때문에 이에 대해 자세히 살펴볼 필요가 있습니다. 배상명령을 신청할 수 있는 사건은 금전적인 손해를 발생시킨 사기, 공갈, 횡령, 배임이 대표적이라 할 수 있습니다.

따라서 배상명령 신청이 가능한 범죄 피해자는 형사 사건 제1심 또는 제2심 변론 종결 전까지 법원에 신청하여 범죄 피해 보상을 보다 편리하게 받을 수 있습니다.

명예훼손

　명예훼손죄는 사실인지 허위인지에 따라, 그리고 어떠한 방법으로 명예를 훼손하였는지에 따라 범죄의 성립 여부는 물론 적용 법조가 달라지는 특징이 있습니다. 명예훼손은 직접적인 언행, 언론보도, 인터넷 게시물 등 다양한 방법으로 행해질 수 있습니다.

> 형법
>
> 제307조(명예훼손) ① 공연히 사실을 적시하여 사람의 명예를 훼손한 자는 2년 이하의 징역이나 금고 또는 500만 원 이하의 벌금에 처한다.
> ② 공연히 허위의 사실을 적시하여 사람의 명예를 훼손한 자는 5년 이하의 징역, 10년 이하의 자격정지 또는 1천만 원 이하의 벌금에 처한다.

　명예훼손죄에서 범죄행위는 공연히 (허위)사실을 적시하여 사람의 명예를 훼손하는 것입니다. 그러므로 명예훼손죄가 성립하기 위해서는 공연성을 요구하고 있습니다. 명예훼손죄의 보호법익은 모두 사람의 가치에 대한 사회적 평가인 이른바 외부적 명예입니다.[5] 따라서 단 둘이서 대화를 하거나 문자메시지를 주고받다가 일방의 명예를 훼손하는 발언을 하였다면 명예훼손죄가 성립하지 않습니다.

한편 위 형법 조문을 통해 알 수 있듯이 우리나라는 아직 사실을 적시하여 명예를 훼손한 경우에도 처벌하는 규정을 가지고 있습니다. 일본을 제외한 대부분의 선진국에서는 허위사실을 적시한 경우에만 명예훼손죄로 처벌하고 있습니다. 그렇기 때문에 우리나라에서도 '사실을 적시한 경우를 형사 처벌대상에서 제외하여야 한다.'라는 주장이 끊이지 않고 있는 것이지요.

같은 취지로 헌법재판소에서는 '사실을 적시하여 명예를 훼손하는 경우를 처벌하도록 규정한 형법 제307조 제1항은 위헌'이라는 헌법소원 사건이 진행 중입니다.

사실적시 명예훼손죄를 처벌하는 규정이 위헌이라는 입장에서는 '헌법이 보장하는 표현의 자유의 핵심은 진실을 말할 수 있는 자유를 의미하기 때문에 사실을 적시한 경우라면 원칙적으로 범죄가 성립하지 않는 것으로 하여야 한다.'라는 것을 근거로 제시하고 있습니다.

반면 '비록 진실한 사실을 적시하는 경우라 하더라도 공공의 이익과 무관하게 단순히 타인의 약점이나 허물을 공개하는 등 방법으로

---

5   모욕죄도 마찬가지로 공연성을 요건으로 하고 있습니다.

명예를 훼손하는 것은 보호할 수 없기 때문에 처벌해야 한다.'라는 것은 합헌을 주장하는 측의 주된 논거이지요.

만약 헌법재판소가 사실적시 명예훼손을 처벌하는 규정을 위헌이라고 판결한다면 이 책에서 명예훼손죄에 대하여 다루는 내용에도 많은 변화를 줄 수 있을 것입니다.

이렇듯 일상에서 흔히 이야기되는 명예훼손이지만 법리적으로는 많은 논의와 쟁점, 해석의 여지가 담겨 있어 쉽지 않은 분야 중 하나로 여겨지고 있습니다.

A는 △△상가관리단의 감사로, 2019년도 감사보고서를 작성하면서 '◇◇세차장이 상가관리단장과 공모하여, 마치 공개입찰을 통해 낙찰된 것으로 허위 조작하였다.'라는 내용을 적시하였습니다. 이러한 내용이 적힌 감사보고서는 우편으로 발송되어 약 200여 명의 상가 구분소유자들이 수령하게 되었습니다. 그러자 ◇◇세차장을 운영하는 X는 A가 허위의 사실로 자신의 명예를 훼손하였다며 A를 고소하였습니다.

X는 A가 감사보고서에 적시한 내용은 허위라고 주장하였고, A는 해당 내용이 진실한 사실이라고 주장하였습니다.

명예훼손죄에 있어서 적시된 사실이 허위의 사실인지 여부를 판단함에 있어서는 적시된 사실의 내용 전체의 취지를 살펴볼 때 중요한 부분이 객관적 사실과 합치되는 경우에는 세부에 있어서 진실과 약간 차이가 나거나 다소 과장된 표현이 있다 하더라도 이를 허위의 사실이라고 볼 수는 없다(대법원 2007도1220 판결).

당시 입찰에 참가한 증인 Z에 따르면, X가 자신을 찾아와 '상가 세차장 입점 업체 선정을 위해서는 2명 이상이 입찰참가를 해야 한다.'

라며 Z가 해당 세차장 사업자로 선정될 의사가 전혀 없이 입찰참가신청서를 X에게 전달하였습니다. 당시 입찰에 참가한 것은 X와 Z 두 사람이었는데, 입찰참가신청서에 기재된 세차장 월 사용료에 대해서 X가 훨씬 더 고액으로 기재되어 있어 입찰에 불리한 조건이었습니다.

그럼에도 X가 업체로 선정된 정황으로 보아 해당 상가의 세차장 입찰은 정상적인 공개입찰이 이루어졌다고 보기 어려웠습니다. X는 형식적으로 경쟁입찰이 이루어진 외형을 만들었을 뿐 실질적으로는 자신이 사업자로 선정되도록 Z명의의 입찰서류를 작성하여 이를 해당 상가에 제출한 것으로 보기에 충분한 정황이 있었기 때문입니다.

결국 법원은 A가 작성한 감사보고서 중 공소사실 기재 내용이 허위라고 볼 수 없고, A가 위 기재내용을 허위라고 인식하였다고 볼 수도 없다고 판단하였습니다. 다시 말해 이 사건은 진실한 사실을 적시한 것으로, 사실적시 명예훼손의 법리를 따져 유무죄를 판단하여야 한다는 것이었지요.

한편, 공연히 사실을 적시하여 사람의 명예를 훼손하는 행위가 진실한 사실로서 오로지 공공의 이익에 관한 때에는 형법 제310조에 따라 처벌할 수 없습니다.

형법

제307조(명예훼손) ① 공연히 사실을 적시하여 사람의 명예를 훼손한 자는 2년 이하의 징역이나 금고 또는 500만 원 이하의 벌금에 처한다.

제310조(위법성의 조각) 제307조 제1항의 행위가 진실한 사실로서 오로지 공공의 이익에 관한 때에는 처벌하지 아니한다.

명예훼손죄에 있어서 적시된 사실이 허위의 사실인지 여부를 판단함에 있어서는 적시된 사실의 내용 전체의 취지를 살펴볼 때 중요한 부분이 객관적 사실과 합치되는 경우에는 세부에 있어서 진실과 약간 차이가 나거나 다소 과장된 표현이 있다 하더라도 이를 허위의 사실이라고 볼 수는 없다(대법원 2007도1220 판결).

형법 제310조에서 말하는 '공공의 이익'에는 널리 국가·사회 기타 일반 다수인의 이익에 관한 것뿐만 아니라 특정한 사회집단이나 그 구성원 전체의 관심과 이익에 관한 것도 포함되는 것으로서, 적시된 사실이 공공의 이익에 관한 것인지 여부는 당해 적시 사실의 내용과 성질, 당해 사실의 공표가 이루어진 상대방의 범위, 그 표현의 방법 등 그 표현 자체에 관한 제반 사정을 감안함과 동시에 그 표현에 의하여 훼손되거나 훼손될 수 있는 명예의 침해 정도 등을 비교·고려하여 결정하여야 하고, 행위자의 주요한 동기 내지 목적이 공공의 이익을 위한 것이라면 부수적으로 다른 사익적 목적이나 동기가 내포되어 있더라도 형법 제310조의 적용을 배제할 수 없다(대법원 2003도3606 판결 등 참조).

　이 사건에서 A는 감사의 지위에서 감사보고서를 작성하여 상가의 운영과 관련하여 부당한 입찰행위로 의심되는 사항을 기재하여 상가 구분소유자들에게 알린 것이었습니다. 따라서 법원은 A의 행위가 진실한 사실로서 오로지 공공의 이익에 관한 것이라고 볼 수 있어 형법 제310조에 따라 위법성이 조각된다고 보아 무죄 판결을 선고하였습니다.

A는 □□교회 예배당에서 교인 50여 명이 지켜보는 가운데 "집사 X가 교회 재산들을 몰래 내다 팔고 있다."라는 말을 하였습니다. 이 사실을 알게 된 X는 A가 허위사실을 적시하여 자신의 명예를 훼손하였다며 A를 고소하였습니다.

통상 명예훼손죄는 적시한 사실이 허위인지에 대해 제일 먼저 다투게 됩니다. 왜냐하면 폭로하는 쪽은 사실이라고 주장하고, 폭로를 당한 쪽은 허위사실이라고 주장하기 마련이니까요. 그래서 대부분의 명예훼손 사건의 경우 적시된 사실이 진실한 사실인지 허위의 사실인지를 따지는 것부터 시작하게 됩니다.

형법

제307조(명예훼손) ① 공연히 사실을 적시하여 사람의 명예를 훼손한 자는 2년 이하의 징역이나 금고 또는 500만 원 이하의 벌금에 처한다.
② 공연히 허위의 사실을 적시하여 사람의 명예를 훼손한 자는 5년 이하의 징역, 10년 이하의 자격정지 또는 1천만 원 이하의 벌금에 처한다.

제312조(고소와 피해자의 의사) ② 제307조와 제309조의 죄는 피해자의 명시한 의사에 반하여 공소를 제기할 수 없다.

이 사건의 경우 A가 주장한 내용, 즉 'X가 교회 재산을 몰래 내다 팔았다.'라는 것은 사실이 아닌 것으로 밝혀졌습니다. 결국 허위의 사실을 적시하여 명예를 훼손하였다는 형법 제307조 제2항이 적용되는 사안이었지요.

한편 명예훼손죄의 경우 형법 제312조 제2항에 의하여 피해자의 명시한 의사에 반하여 공소를 제기할 수 없도록 하고 있습니다. 이런 것을 반의사불벌죄라고 하지요. 그런데 이 사건에서 피해자 X는 이 사건 공소가 제기된 후 법원에 A에 대한 처벌을 희망하지 않는다는 처벌불원서를 제출하였습니다.

형사소송법 제327조(공소기각의 판결) 다음 각 호의 경우에는 판결로써 공소기각의 선고를 하여야 한다.
6. 피해자의 명시한 의사에 반하여 공소를 제기할 수 없는 사건에서 처벌을 원하지 아니하는 의사표시를 하거나 처벌을 원하는 의사표시를 철회하였을 때

반의사불벌죄의 경우 피해자가 처벌을 원하지 않는 의사표시를 하면 법원은 공소를 기각하는 판결을 선고합니다. 공소기각 판결이란 소송조건의 흠결로 재판을 할 수 없는 때에 해당하므로, 피고인의 입장에서는 처벌받지 않아도 된다는 의미이기도 하지요.

　그렇기 때문에 반의사불벌죄인 범죄로 수사나 재판을 받는 때에는 무죄 주장을 하는 것이 아닌 한, 피해자와 합의를 하여 처벌불원서를 제출하는 것이 가장 좋은 방법이라고 할 수 있습니다.

A는 △△기업의 직원으로, X와는 같은 부서에서 근무를 하고 있었습니다. 어느 날 A는 X로부터 발길질을 당하였고, 이에 A는 X를 폭행죄로 고소하였습니다. 그러나 X는 A에게 사과를 하기는커녕 오히려 A를 무고로 고소하겠다는 취지의 말을 회사에서 하고 다니는 것이었습니다.

그러자 A는 인터넷 사내 게시판에 X에 대하여 "낯짝 잘 들고 다니네? 니 자식이 다른 새끼한테 쳐맞고 다녀도 그럴래?"라는 내용의 글을 올렸습니다.

당시 A는 X의 실명을 언급하지는 않았지만 이니셜과 직책으로 X가 특정될 수 있었기 때문에, X의 주변인들은 해당 글을 읽고 그 내용이 X에 대한 것임을 알 수 있었습니다.

결국 X는 A가 자신을 비방할 목적으로 자신의 명예를 훼손하였다며 A를 정보통신망이용촉진및정보보호등에관한법률위반(명예훼손) 혐의로 고소하였습니다.

예전에는 사람들이 모인 자리에서 소문이 돌고 그래서 누군가의 명예가 훼손되는 경우가 대부분이었지만, 최근에는 인터넷 홈페이지 게시판이나 온라인 커뮤니티에 글을 게시하는 방법으로 명예훼손이 이뤄지는 사례가 늘어나고 있습니다.

이렇듯 명예를 훼손하는 데에 정보통신망을 이용한 경우 형법의 특별규정인 「정보통신망 이용촉진 및 정보보호 등에 관한 법률」에서 규정하는 명예훼손죄가 성립하는지를 따져 보아야 합니다.

제44조의 7(불법정보의 유통금지 등) ① 누구든지 정보통신망을 통하여 다음 각 호의 어느 하나에 해당하는 정보를 유통하여서는 아니된다.

2. 사람을 비방할 목적으로 공공연하게 사실이나 거짓의 사실을 드러내어 타인의 명예를 훼손하는 내용의 정보

제70조(벌칙) ① 사람을 비방할 목적으로 정보통신망을 통하여 공공연하게 사실을 드러내어 다른 사람의 명예를 훼손한 자는 3년 이하의 징역 또는 3천만 원 이하의 벌금에 처한다.

위 규정을 보면 알 수 있듯이 정보통신망법상 명예훼손은 다른 사람을 '비방할 목적'을 가진 때에만 처벌하도록 규정하고 있습니다. 따라서 상대방을 비방할 목적이 없었음이 입증된다면 처벌을 피할 수 있는 것이지요.

정보통신망 이용촉진 및 정보보호 등에 관한 법률 제61조 제1항의 '사람을 비방할 목적'이란 가해의 의사 내지 목적을 요하는 것으로서 공공의 이익을 위한 것과는 행위자의 주관적 의도의 방향에 있어 서로 상반되는 관계에 있다고 할 것이므로, 적시한 사실이 공공의 이익

에 관한 것인 경우에는 특별한 사정이 없는 한 비방할 목적은 부인된

다고 봄이 상당하다(대법원 2005도5068 판결 참조).

이 사건에서 A는 X를 비방하기 위하여 해당 글을 게시한 것으로 볼

수밖에 없었습니다. 따라서 A가 글을 게시한 목적이 공공의 이익과

는 무관한 것이어서 혐의없음 처분을 받기에는 무리가 있는 상황이

었습니다.

그럼에도 불구하고 A는 자신이 적시한 사실이 허위는 아니었으며,

자신이 이와 같은 글을 쓰게 된 이유는 B로부터 폭행을 당하여 B를

고소를 하였음에도 불구하고 B가 잘못을 인정하지 않고 오히려 A를

무고로 고소하겠다는 말을 하고 다닌다는 사실을 알게 되자 너무나

화가 났기 때문이었다고 설명하였습니다.

이에 검사는 위와 같은 사정을 모두 고려하여 A에게 기소를 유예하

는 처분을 내리게 되었습니다.

채팅 어플리케이션 대화명 명예훼손 / 무죄

A의 딸과 X는 초등학교 같은 반에 재학 중이었습니다. A는 X가 자신의 딸을 따돌렸다고 주장하면서 해당 초등학교에 학교폭력 신고를 하였습니다.

초등학교 학교폭력대책자치위원회는 X가 A의 딸에게 학교폭력을 저지른 사실이 있음을 전제로, X에 대하여 '피해학생에 대한 접촉, 보복행위의 금지 등'을 명하였습니다.

그 후 A는 자신의 채팅 어플리케이션 대화명에 "학교폭력범은 접촉금지!!!"라는 글과 주먹 모양의 그림 세 개를 적어 두었습니다.

정보통신망 이용촉진 및 정보보호 등에 관한 법률 제70조 제1항은 "사람을 비방할 목적으로 정보통신망을 통하여 공공연하게 사실을 드러내어 다른 사람의 명예를 훼손한 자는 3년 이하의 징역 또는 3천만 원 이하의 벌금에 처한다."라고 정하고 있다. 이 규정에 따른 범죄가 성립하기 위해서는 피해자가 특정된 사실을 드러내어 명예를 훼손하여야 한다. 여기에서 사실을 드러낸다는 것은 이로써 특정인의 사회적 가치나 평가가 침해될 가능성이 있을 정도로 구체성을 띠는 사실을 드러낸다는 것을 뜻하는데, 그러한 요건이 충족되기 위해서 반드시 구체적인 사실이 직접적으로 명시되어 있어야 하는 것은 아니지만, 적어도 특정 표현에서 그러한 사실이 곧바로 유추될 수 있을 정도는 되어야 한다. 그리고 피해자가 특정되었다고 하기 위해서는 표현의 내용을 주위사정과 종합하여 볼 때, 그 표현이 누구를 지목하는가를 알아차릴 수 있을 정도가 되어야 한다(대법원 2011도6904 판결 등 참조).

한편 특정 표현이 사실인지 아니면 의견인지를 구별할 때에는 언어의 통상적 의미와 용법, 증명가능성, 문제된 말이 사용된 문맥, 그 표현이 행해진 사회적 상황 등 전체적 정황을 고려하여 판단하여야 한다(대법원 97도2956 판결 등 참조).

A가 게시한 "학교폭력범은 접촉금지!!!"라는 글과 주먹 모양의 그림 세 개로 이루어진 이 사건 대화명에는 그 자체만으로 그 표현의 기초가 되는 사실관계가 드러나 있지는 않았습니다. 또한 '학교폭력범'이라는 단어는 '학교폭력'이라는 용어에 '죄지은 사람'을 뜻하는 접미사인 '범(犯)'을 덧붙인 것으로서, '학교폭력을 저지른 사람'을 통칭하는 표현입니다. 즉 A는 '학교폭력범' 자체를 표현의 대상으로 삼았을 뿐 특정인을 '학교폭력범'으로 지칭하지는 않았습니다.

법원은 "이러한 대화명만으로 보아서는 초등학생 자녀를 둔 A의 상황을 고려하면, A가 '학교폭력범'이라는 단어를 사용하였다고 하여 실제 일어난 학교폭력 사건에 관해 언급한 것이라고 단정할 수 없다."라고 판단하였고, '접촉금지'라는 어휘는 통상적으로 '접촉하지 말

것'이라는 의미로 이해되는 것이라면서, "이 사건 의결 등을 통해 피해자 X에게 'X에 대한 접촉의 금지' 조치가 내려졌다는 사실이 X와 같은 반 학생들이나 그 부모들에게 알려졌음을 인정할 증거도 없다." 라고 보았습니다.

결국, 법원은 A가 이 사건 대화명을 통해 X의 학교폭력 사건이나 그 사건으로 X가 받은 조치에 대해 기재함으로써 X의 사회적 가치나 평가를 저하시키기에 충분한 구체적인 사실을 드러냈다고 볼 수 없다고 보아, A에게 무죄를 선고하였습니다.

언론사 기자 출판물에의한명예훼손 / 무죄

A는 ◇◇신문사 기자이고 X는 고위공직자 Y의 배우자이자 □□연구소 소장 직을 맡고 있는 사람이었습니다.

A는 ◇◇신문에 기사를 게재하면서 □□연구소는 어떤 회사인지에 대해 설명하며, 해당 연구소의 소장 자격으로 특정 위원직을 맡고 있는 것은 문제임을 지적하였습니다.

또한 A는 마치 X가 소속된 □□연구소의 매출액이 부적절한 방법으로 대폭 증가하였고 그러한 사실에 X 등이 연관된 것처럼 기사를 써 배포하였습니다. 그러나 사실 □□연구소의 매출액은 이 사건 기사가 배포될 당시에 오히려 감소하였습니다.

이 사건은 기자인 A가 신문기사를 통해 X의 명예를 훼손하였다는 것으로, 신문이나 출판물에 의하여 명예훼손을 하는 때에는 명예훼손의 일반규정인 형법 제307조가 아니라 형법 제309조에 규정된 출판물에의한명예훼손죄가 적용됩니다. 한편 출판물에의한명예훼손의 경우에도 진실한 사실을 적시한 경우와 허위사실을 적시하는 경우를 구별하고 있습니다.

형법

제309조(출판물 등에 의한 명예훼손) ① 사람을 비방할 목적으로 신

문, 잡지 또는 라디오 기타 출판물에 의하여 제307조 제1항의 죄를 범한 자는 3년 이하의 징역이나 금고 또는 700만 원 이하의 벌금에 처한다.

② 제1항의 방법으로 제307조 제2항의 죄를 범한 자는 7년 이하의 징역, 10년 이하의 자격정지 또는 1천500만 원 이하의 벌금에 처한다.

출판물에의한명예훼손죄의 경우 '사람을 비방할 목적'이 있는 경우만을 처벌합니다. 따라서 문제가 되는 사실 적시 행위에 사람을 비방할 목적이 없었음을 입증할 수 있다면 범죄가 성립하지 않는 것이지요.

기사가 허위사실 적시에 의한 명예훼손이 되려면 적시된 사실이 특정인의 사회적 평가를 저하시키는 것으로서 허위이어야 할 것인데, 그 허위 여부를 판단함에 있어서 일반 독자가 기사를 접하는 통상의 방법을 전제로 그 기사의 전체적인 취지와의 연관 아래에서 기사의 객관적 내용, 사용된 어휘의 통상적인 의미, 문구의 연결방법 등을 종합적으로 고려하여 독자들에게 주는 전체적인 인상을 그 판단기준으로 삼아야 하고, 여기에다가 당해 기사의 배경이 된 사회적 흐름 속에서 당해 표현이 가지는 의미를 함께 고려하여야 한다(대법원 2007다29379 판결 등 참조).

한편 '사람을 비방할 목적'이란 가해의 의사 내지 목적을 요하는 것으로서 사람을 비방할 목적이 있는지 여부는 당해 적시 사실의 내용과 성질, 당해 사실의 공표가 이루어진 상대방의 범위, 그 표현의 방법 등 그 표현 자체에 관한 여러 사정을 감안함과 동시에 그 표현에 의하여 훼손되거나 훼손될 수 있는 명예의 침해 정도 등을 비교, 고려하여 결정하여야 한다(대법원 2000도329 판결 등 참조). '사람을 비방할 목적'이란 공공의 이익을 위한 것과는 행위자의 주관적 의도의 방향에 있어 서로 상반되는 관계에 있으므로, 적시한 사실이 공공의 이익에 관한 것인 경우에는 특별한 사정이 없는 한 비방할 목적은 부인된다(대법원 2003도2137 판결 등 참조).

그리고 '적시한 사실이 공공의 이익에 관한 경우'라 함은 적시된 사실이 객관적으로 볼 때 공공의 이익에 관한 것으로서 행위자도 주관적으로 공공의 이익을 위하여 그 사실을 적시한 것이어야 하는데, 여기에서 공공의 이익이라 함은 널리 국가, 사회 기타 일반 다수인의 이익에 관한 것뿐 아니라 특정한 사회집단이나 그 구성원 전체의 관심과 이익을 포함한다. 나아가 그 적시한 사실이 공공의 이익에 관한 것인지 여부는 당해 명예훼손적 표현으로 인한 피해자가 공무원 내지 공적 인물과 같은 공인인지 아니면 사인에 불과한지, 그 표현이 객관적으로 국민이 알아야 할 공공성·사회성을 갖춘 공적 관심사안에 관한 것으로 사회의 여론형성 내지 공개토론에 기여하는 것인지 아니면 순수한 사적인 영역에 속하는 것인지, 피해자가 그와 같은 명예훼손적 표현의 위험을 자초한 것인지, 그리고 그 표현에 의하여 훼손되는 명예의 성격과 침해의 정도, 그 표현의 방법과 동기 등의 여러 사정에 비추어 판단하여야 한다(대법원 2004도4826 판결 등 참조).

이 사건 기사의 경우 그 구조 및 내용, 그리고 문제가 된 내용이 전체 기사에서 차지하는 비중 등에 비추어 보면, 이 사건 기사의 전체적인 취지는 '현직 고위공직자의 배우자인 X가 그 영향력을 미칠 수 있는 특정 위원직 활동을 하는 것은 적절하지 않다.'라는 취지의 비판 내지 의견 제시이고, X가 근무하는 기업과 관련한 의혹은 부차적인 의견에 불과하였습니다. 그중에서도 공소사실에 허위사실로 기재된 □□연구소의 매출액 부분은 A가 그러한 의혹을 갖게 된 여러 가지 근거 중 하나로 제시된 것에 불과하였고, A가 해당 사실을 주로 알리기 위하여 기사를 작성한 것으로 보이지는 않았습니다.

법원은 A가 적시한 사실이 공공의 이익에 관한 것인지 여부에 대해서 "X는 현직 고위공직자의 배우자이고, 특정 위원에 재임 중이었기 때문에, 이러한 X의 지위, □□연구소의 역할, 권력기관과 언론과의 관계 등에 비추어 볼 때, 고위 공직자의 배우자가 중립성을 갖추어야 하는 기관의 위원이라는 사정은 공공성, 사회성을 갖춘 공적 관심 사안에 해당한다."라고 보았습니다. 또한 "이러한 X에 대한 명예훼손죄의 성립 여부를 심사함에 있어서는 사적인 영역에 대한 것과는 심사기준을 달리하여 판단하여야 한다."라고 설명하였습니다. 그리고 "이 사건 기사 중 일부 사실과 다른 내용이 존재하고 그러한 내용으로 인해 X의 사회적 평가가 저해될 수 있다 하더라도, X가 속해 있는 기업의 매출액 변화 자체가 'X 개인'의 명예와 직접적인 연관을 갖는다거나 그 기업의 매출액 확인에 다소 미흡한 점이 있다고 하여 이 사건 기사 전체가 X에 대한 악의적이고 현저한 상당성을 잃은 공격으로 보기는 어렵다."라고 보았습니다.

결국 법원은 A에게 X를 '비방할 목적'이 있었다고 단정할 수 없다고 판단, 무죄를 선고하였습니다.

악플러 정보통신망법위반(명예훼손) 모욕죄 / 벌금형

A는 인터넷 사이트 △△카페의 회원이었고, X는 해당 카페의 매니저로 활동하는 사람이었습니다. A는 카페 활동을 하면서 X와 심한 갈등이 있었고, 이러한 과정에서 A는 △△카페에 X를 칭하며 "제 버릇 개 못 주고 있네요.", "머리 검은 짐승이라는 표현을 하는 저 여자 정상일까요?"라는 글을 게시하였습니다.

명예훼손죄와 모욕죄는 사람의 명예를 보호하기 위해 규정된 것이라는 점에서 닮은 점이 있습니다. 그렇다면 명예훼손죄와 모욕죄는 어떻게 구별하는 것일까요. 명예훼손죄는 사실을 적시하여 사람의 명예를 훼손하는 것이고, 모욕죄는 사실을 적시하지 않고 사람을 모욕하는 경우에 성립합니다.

예를 들어 'Z는 민생법안이 널려 있는데 국회에 앉아 하품만 하는 사람이다.'라고 하는 경우는 Z가 국회에 출석하여 하품만 하고 앉아 있더라는 등의 '사실'을 적시하고 있습니다. 따라서 명예훼손죄를 적용해야 합니다. 한편 'Z는 함량 미달의 망할 년이다.'라고 하는 경우에는 어떠한 사실에 대한 내용은 없고, 다만 비속어를 사용하여 경멸하고 있으므로 모욕죄를 적용할 수 있는 것입니다.

명예훼손죄에 있어서 '사실의 적시'라 함은 사람의 사회적 평가를 저하시키는 데 충분한 구체적 사실을 적시하는 것을 말하고, 이를 적시하지 아니하고 단지 모멸적인 언사를 사용하여 타인의 사회적 평가를 경멸하는 자기의 추상적 판단을 표시하는 것은 사람을 모욕한 경우에 해당하고 명예훼손에 해당하지 아니한다(대법원 81도2280 판결 참조).

이 사안의 경우 A가 한 "제 버릇 개 못 주고 있네요.", "머리 검은 짐승이라는 표현을 하는 저 여자 정상일까요?"라는 표현은 사실을 적시한 것이 아니므로 모욕죄 혐의를 받게 되었습니다.

형법

제311조(모욕) 공연히 사람을 모욕한 자는 1년 이하의 징역이나 금고 또는 200만 원 이하의 벌금에 처한다.

제312조(고소와 피해자의 의사) ① 제308조와 제311조의 죄는 고소가 있어야 공소를 제기할 수 있다.

한편 A가 이 사안 게시물을 작성한 시기는 X가 A를 명예훼손으로 먼저 고소한 사건의 재판이 진행 중이던 때였습니다.

이러한 사정을 종합하여, 법원은 "A가 작성한 글의 전체적인 내용

등에 비추어 보면, A가 작성한 게시글은 X의 사회적 평가를 저하시킬 만한 추상적 판단이나 경멸적 감정을 표현한 것이라고 봄이 상당하고, A에게는 X를 모욕하려는 고의가 있었음이 명백하다."라고 판단하였습니다. 결국 이 사안에서 A는 벌금형을 선고받았습니다.

사자명예훼손죄 전두환 / 집행유예

A는 5.18민주화운동으로 인한 사상자들에 대한 책임을 부인하고, 자신에 대한 반란수괴죄 등으로 유죄 판결을 받은 것이 잘못이라는 입장을 표명하기 위하여 회고록을 저술하기로 마음먹었습니다.

그리하여 A는 ◇◇출판사에서 출간한 'A 회고록'에 "5.18민주화운동 기간 동안 계엄군 헬리콥터가 광주 시민을 향하여 사격을 가한 사실도 없었고, 고인인 피해자 X가 헬기의 기총소사 장면을 보지 않았는데도 마치 이를 목격한 것처럼 거짓 주장을 하였다."라는 내용을 기재하였습니다.

그러나 사실 A는 12.12 군사반란으로 군의 주도권을 장악한 이래 보안사령관과 중앙정보부장서리를 겸임하면서 당시 광주에서의 시위 상황 등에 대하여 수시로 보고받아 광주에서의 시위 진압 상황을 상세히 알고 있었습니다. 그리고 1980년 5월 21일경 광주천 일대 등에 헬기 사격이 있었으며, X도 직접 헬기 사격을 목격한 사실이 있었습니다.

이 사건은 피고인 전두환(A)에게 광주지방법원이 2020년 11월 30일 징역형의 집행유예를 선고한 사자명예훼손 사건입니다.

이 사건 회고록에서 A는 피해자인 故 조비오 신부(X)가 한 발언을 구체적으로 설시하며 "X는 자신의 허위 주장을 번복하지 아니하였다. X는 성직자라는 말이 무색한 파렴치한 거짓말쟁이다."라는 내용을 기재하여 명예를 훼손하였습니다.

형법

제308조(사자의 명예훼손) 공연히 허위의 사실을 적시하여 사자(死

者)의 명예를 훼손한 자는 2년 이하의 징역이나 금고 또는 500만 원

이하의 벌금에 처한다.

이 사건에서 법원은 "국과수의 △△빌딩에 대한 탄흔 감정결과, 목

격자들의 진술, 군인들의 일부 진술, 군 관련 문서들에다가 그 밖의

여러 사정에 비추어 보면, 당시 광주에서는 △△빌딩을 향해 헬기 사

격이 있었음을 충분히 인정할 수 있다."라고 보았습니다.

사자명예훼손죄는 사자에 대한 사회적, 역사적 평가를 보호법익으

로 하는 것으로서 적시된 사실이 허위라는 것이 구성요건의 내용을

이루는 것이므로 행위자의 고의의 내용으로서 적시된 사실을 허위라

고 인식하였어야 한다. 이러한 주관적 인식의 유무는 그 성질상 외부

에서 이를 알거나 증명하기 어려우므로, 적시된 사실의 내용, 허위가

아니라고 믿게 된 근거나 자료의 확실성, 표현 방법 등 여러 사정을

종합하여 규범적으로 판단하여야 한다(대법원 2005도2627 판결 등

참조).

다만 적시된 사실이 역사적 사실인 경우 시간이 경과함에 따라 점

차 사자의 명예보다는 역사적 사실에 대한 탐구 또는 표현의 자유가 보호되어야 하고 또 진실 여부를 확인할 수 있는 객관적 자료에도 한계가 있어 진실 여부를 확인하는 것이 용이하지 않은 점도 고려되어야 한다(대법원 2007도8564 판결 등 참조).

그리고 법원은 "A의 지위, 5.18민주화운동 기간 동안의 A의 행위, 그 이후의 사정 등을 위 법리에 비추어 살펴보면, A는 적어도 미필적으로나마 5.18민주화운동 기간 동안 헬기 사격이 없었다는 자신의 주장이 허위임을 인식하면서도 이 사건 회고록 중 쟁점 부분을 집필하였다고 충분히 인정할 수 있고, A가 이 사건 회고록을 집필하는 과정에서도 헬기 사격이 있을 수 있었다는 사실을 충분히 인식하면서도 출간을 감행하였으므로, A에게 허위의 인식이 있었음을 인정할 수 있다."라고 판시하였습니다.

결국 법원은 A에게 징역 8개월의 집행유예 2년을 선고하였습니다.

친고죄는 피해자 등 고소권자의 고소가 있어야 공소를 제기할 수 있는 범죄이고, 반의사불벌죄는 피해자가 가해자의 처벌을 원하지 않는다는 의사를 표시한 경우 공소를 제기할 수 없는 범죄를 뜻합니다. 반의사불벌죄는 피해자의 고소 등 처벌을 원한다는 의사표시가 없는 경우에도 공소를 제기할 수 있다는 점에서 친고죄와 차이가 있습니다.

친고죄와 반의사불벌죄는 국가형벌권 행사가 일방적이고 절대적으로 행해지는 것을 완화하고, 피해자 측의 의사와 명예를 존중하고자 하는 취지에서 제도화된 것입니다. 그리고 피해자와의 원만한 합의를 이룬 경우 이러한 상태만으로도 사건을 조속히 마무리하여 법적 평화를 신속히 이룰 수 있도록 하고자 하는 목적도 가지고 있습니다.

친고죄에는 모욕죄, 사자명예훼손죄 등이 있으며, 반의사불벌죄에는 폭행죄, 협박죄, 명예훼손죄 등이 있습니다.

친고죄의 경우 범인을 알게 된 날로부터 6개월이 경과하면 고소를 하지 못합니다. 친고죄에서 고소의 취소는 1심 판결 전까지 할 수 있으며, 반의사불벌죄 역시 처벌을 원하지 않는다는 의사표시나 처벌을 원하는 의사표시의 철회는 1심 판결 전까지 할 수 있습니다.

형사소송법

제230조(고소기간) ① 친고죄에 대하여는 범인을 알게 된 날로부터 6월을 경과하면 고소하지 못한다. 단, 고소할 수 없는 불가항력의 사유가 있는 때에는 그 사유가 없어진 날로부터 기산한다.

제232조(고소의 취소) ① 고소는 제1심 판결선고 전까지 취소할 수 있다.

② 고소를 취소한 자는 다시 고소할 수 없다.

③ 피해자의 명시한 의사에 반하여 공소를 제기할 수 없는 사건에서 처벌을 원하는 의사표시를 철회한 경우에도 제1항과 제2항을 준용한다.

친고죄에서 고소는 소송조건입니다. 따라서 피해자가 고소하지 않은 경우 공소기각 판결이 내려지고(형사소송법 제327조 제2호), 피해자가 고소를 사후적으로 취소한 경우에도 공소기각 판결이 내려지며(형사소송법 제327조 제5호), 반의사불벌죄에서 피해자가 처벌을 원하지 않는다는 의사표시를 하거나 처벌을 원하는 의사표시를 철회하는 경우에도 공소기각판결이 내려집니다(형사소송법 제327조 제6호). 결과는 모두 같이 공소를 기각하는 판결이지만 그 원인은 다 다르고 적용법조도 다르게 규정되어 있습니다.

형사소송법

제327조(공소기각의 판결) 다음 각 호의 경우에는 판결로써 공소기각의 선고를 하여야 한다.

2. 공소제기의 절차가 법률의 규정에 위반하여 무효인 때

5. 고소가 있어야 공소를 제기할 수 있는 사건에서 고소가 취소되었을 때

6. 피해자의 명시한 의사에 반하여 공소를 제기할 수 없는 사건에서 처벌을 원하지 아니하는 의사표시를 하거나 처벌을 원하는 의사표시를 철회하였을 때

친고죄와 반의사불벌죄는 특정 범죄에 국한된 것이므로, 자신이 어떠한 혐의를 받고 있다면 그 범죄가 이에 해당하는 것은 아닌지 판단하는 것이 필요합니다. 만약 친고죄나 반의사불벌죄에 해당하는 경우라면 1심 선고 전까지 피해자와 원만히 합의하도록 최선을 다하여야 하겠지요.

통상 형사 사건이 진행되는 경우 피해자들은 항소심에서 합의를 하려는 경향이 많은데, 만약 친고죄와 반의사불벌죄의 경우 항소심에서 합의를 하게 된다면 공소기각 판결을 받을 수 없어, 처벌을 받게 될 가능성이 매우 높기 때문에 이에 대해서도 염두에 두어야 할 것입니다.

자동차운전

자동차운전과 관련한 형사 사건은 크게 교통사고와 관련된 것과 그 외에 음주운전과 같이 법으로 금지한 것을 지키지 않는 경우로 나눌 수 있을 것입니다.

특히 음주운전은 그 위험성이 매우 심각하고 반복하여 저지르는 특징이 있기 때문에 사회적으로도 심각한 문제로 대두되고 있습니다. 이러한 이유로 법원은 음주운전의 경우 쉽게 선처를 해 주지 않으려는 경향이 있으며, 음주운전을 2회 이상 한 전력이 있는 사람이 또 음주운전을 하는 경우 실형을 면하기 어렵다는 취지로 '음주운전 삼진아웃'이라는 가중처벌제도를 두고 있습니다.

2018년경 부산에서 발생한 음주운전 사망사건을 계기로 음주운전자에 대한 강력한 처벌을 요구가 커지며, 음주운전으로 인한 처벌이 위반행위에 비해 가볍다는 지적이 있었습니다. 이는 「특정범죄 가중처벌 등에 관한 법률」 및 「도로교통법」이 개정되는 계기가 되었지요.

개정 「도로교통법」은 2019년 6월 25일부터 시행되어 운전이 금지되는 술에 취한 상태의 혈중알코올농도의 기준을 0.05퍼센트에서 0.03퍼센트로 강화하였고, 음주운전으로 사람을 사망에 이르게 하여 운전면허가 취소된 경우의 운전면허 결격기간을 5년으로 하고, 2회 음주운전을 한 경우 운전면허를 취소하도록 하였으며, 기존 3회 이상 음주운전을 한 경우 1년 이상 3년 이하의 징역이나 500만 원 이상 1천만 원 이하의 벌금에 처하던 것을 2회 이상 음주운전을 한 경우 2년 이상 5년 이하의 징역 또는 1천만 원 이상 2천만 원 이하의 벌금에 처하도록 하는 등 음주운전 벌칙 수준을 상향하게 되었습니다.

음주운전은 그 해악이 심각한 범죄라는 점에 대해 제대로 인식하고 절대로 하지 않아야겠습니다. 다만 음주운전을 하게 되었다면 피해자가 있는 경우라면 피해자와의 합의, 음주운전을 하게 된 경위, 혈중알코올농도 수치에 대한 사정 설명, 다시는 잘못을 저지르지 않겠다는 다짐 등을 설명하는 노력을 하여야 하겠습니다.

A는 2009년 8월경 도로교통법위반(음주운전)죄로 벌금 100만 원의 약식명령을 받은 적이 있었습니다.

A는 2020년 2월경 도로에서 술을 마신 상태로 자신의 승용차를 운전하던 중, 경찰서 소속 경위로부터 술 냄새가 나고 말을 더듬는 등 술에 취한 상태에서 위 승용차를 운전하였다고 인정할 만한 사유가 있어 음주측정에 응할 것을 요구받았습니다.

그럼에도 불구하고 A는 "내가 사업적으로 엄청 중요한 사람이다. 나 면허 100일 정지만 나오게 해 달라."라고 말하며 손사래를 치고 이를 회피하며 음주측정을 거부하였습니다.

음주운전은 무고한 제삼자의 생명과 신체, 재산에 위험을 가할 개연성이 매우 높은 범죄로, 엄한 처벌이 요구되는 범죄입니다. 실제로 음주운전 사건의 피고인이 재판을 받는 도중 몇 차례나 반복적으로 음주운전을 저지르는 경우도 어렵지 않게 볼 수 있습니다. 음주운전은 그만큼 쉽게 고쳐지지 않고 반복적으로 범하는 특징이 있어, 음주운전을 3회 이상 하는 경우 「도로교통법」에서는 이에 대해 특별히 엄벌에 처하도록 하는 별도의 규정을 두고 있습니다.

제44조(술에 취한 상태에서의 운전 금지) ① 누구든지 술에 취한 상태에서 자동차 등, 노면전차 또는 자전거를 운전하여서는 아니 된다.

② 경찰공무원은 교통의 안전과 위험방지를 위하여 필요하다고 인정하거나 제1항을 위반하여 술에 취한 상태에서 자동차 등, 노면전차 또는 자전거를 운전하였다고 인정할 만한 상당한 이유가 있는 경우에는 운전자가 술에 취하였는지를 호흡조사로 측정할 수 있다. 이경우 운전자는 경찰공무원의 측정에 응하여야 한다.

제148조의2(벌칙) ① 제44조 제1항 또는 제2항을 2회 이상 위반한 사람은 2년 이상 5년 이하의 징역이나 1천만 원 이상 2천만 원 이하의 벌금에 처한다.

② 술에 취한 상태에 있다고 인정할 만한 상당한 이유가 있는 사람으로서 제44조 제2항에 따른 경찰공무원의 측정에 응하지 아니하는 사람은 1년 이상 5년 이하의 징역이나 500만 원 이상 2천만 원 이하의 벌금에 처한다.

③ 제44조 제1항을 위반하여 술에 취한 상태에서 자동차 등 또는 노면전차를 운전한 사람은 다음 각 호의 구분에 따라 처벌한다.

1. 혈중알코올농도가 0.2퍼센트 이상인 사람은 2년 이상 5년 이하의 징역이나 1천만 원 이상 2천만 원 이하의 벌금

2. 혈중알코올농도가 0.08퍼센트 이상 0.2퍼센트 미만인 사람은 1

년 이상 2년 이하의 징역이나 500만 원 이상 1천만 원 이하의 벌금

3. 혈중알코올농도가 0.03퍼센트 이상 0.08퍼센트 미만인 사람은 1

년 이하의 징역이나 500만 원 이하의 벌금

음주운전의 경우 범행 당시 혈중알콜농도 수치, 운전거리가 가장
중요한 양형사유이나, 차량을 매도하는 등 재범방지를 위해 어떠한
노력을 하는지 역시 양형에 참작되기도 합니다.

이 사건의 경우 A는 음주운전 전과가 있으나, 다시 음주운전을 한
것으로 죄질이 좋지 않은 상황이었습니다. 그런데 음주측정까지 거
부를 하였으니 A에게는 실형 선고가 가능한 상황이었지요.

다만 A가 자신의 잘못을 반성하며 다시는 같은 잘못을 저지르지 않
겠다며 선처를 구하는 사정이 있어, 법원은 A에게 징역형의 집행유
예를 선고하였습니다.

음주운전 삼진아웃 무면허운전 범인도피교사 / 징역형

A는 2013년 9월경 도로교통법위반(음주운전)죄로 벌금 300만 원의 약식명령을 받고, 2014년 3월경 도로교통법위반(음주운전)죄 등으로 벌금 300만원의 약식명령을 받고 2016년 12월경 도로교통법위반(음주운전)죄 등으로 징역 1년에 집행유예 2년을 선고받는 등 2회 이상 음주운전 전력이 있는 사람이었습니다.

A는 2019년 9월경 약 1.7㎞ 구간에서 자동차 운전면허를 받지 아니하고 혈중알콜농도 0.175%의 술에 취한 상태로 자신의 승용차를 운전하던 중 음주운전이 적발되었습니다. 그러자 A는 처벌받을 것이 두려워 친구 B에게 "이번에 음주운전으로 적발되면 삼진아웃으로 실형을 살 것이다. 술을 마시지 않은 네가 운전한 것으로 허위 진술을 해 달라."라는 취지로 말하여 B로 하여금 자신이 운전하였다고 수사기관에 허위로 진술하도록 하였습니다.

이에 A는 도로교통법의 음주운전 및 무면허운전, 그리고 범인도피교사 혐의로 재판을 받게 되었습니다.

음주운전을 하다가 사고를 내거나 음주운전이 적발되는 경우 음주운전 처벌 전력이 없는 친한 지인 혹은 가족에게 대신 운전했다고 진술해 달라 부탁하는 사례는 생각보다 많습니다. 이러한 행위를 '범인도피교사'라고 합니다.

범인도피교사란 쉽게 말해 '범인인 음주운전자가 도망갈 수 있도록 다른 사람에게 어떠한 일을 시켰다.'라는 뜻으로 이 사건의 경우 'A가 자신이 처벌받지 않고 지나갈 수 있게끔 B로 하여금 내가 운전했다고 거짓말을 하도록 시켰다.'라는 것입니다.

음주운전에서 범인도피교사 사례가 적지 않다는 건 그만큼 많이 적발되었다는 뜻이겠지요. 이 사건과 같은 행위를 친구를 위해 가족을 위해 가벼운 거짓말 정도로 생각해서는 안 됩니다. 걸리면 둘 다 처벌받을 수 있기 때문이지요.

이 사안의 경우 A는 자신이 음주운전 삼진아웃으로 실형을 살게 될 것이 두려웠습니다. 그리하여 친구 B에게 대신 운전했다고 말해 달라고 부탁을 하였던 것이었지요. B는 A의 부탁대로 경찰서에 출석해 자신이 운전하였다고 진술하였습니다.

그러나 결국 수사기관은 B의 진술이 허위임을 알게 되었고, 이러한 모든 행위를 지시한 A는 징역형을 선고받아 구속되었습니다.

A는 2009년경 음주운전으로 벌금형을 선고받은 사실이 있음에도 불구하고, 2020년경 약 200m 구간을 혈중알코올농도 0.2% 만취상태로 원동기장치자전거인 전동킥보드를 운전하였다는 혐의로 재판을 받게 되었습니다.

최근에는 전동킥보드를 이용하는 사람들이 늘어나고 있습니다. 킥보드의 경우 어린 아이들도 즐겨 이용하기 때문에 전동킥보드가 「도로교통법」이 적용되는 '차'에 해당하는 것을 잘 모르시는 분들도 많을 것 같습니다.

전동킥보드는 도로교통법상 '차'의 일종인 '원동기장치자전거' 중 '개인형 이동장치'에 해당합니다.

도로교통법

제2조(정의) 이 법에서 사용하는 용어의 뜻은 다음과 같다.

17. "차마"란 다음 각 목의 차와 우마를 말한다.

가. "차"란 다음의 어느 하나에 해당하는 것을 말한다.

3) 원동기장치자전거

19. "원동기장치자전거"란 다음 각 목의 어느 하나에 해당하는 차를

말한다.

가. 「자동차관리법」 제3조에 따른 이륜자동차 가운데 배기량 125시

시 이하(전기를 동력으로 하는 경우에는 최고정격출력 11킬로와트

이하)의 이륜자동차

나. 그 밖에 배기량 125시시 이하(전기를 동력으로 하는 경우에는

최고정격출력 11킬로와트 이하)의 원동기를 단 차(「자전거 이용 활

성화에 관한 법률」 제2조 제1호의2에 따른 전기자전거는 제외한다)

19의2. "개인형 이동장치"란 제19호 나목의 원동기장치자전거 중 시

속 25킬로미터 이상으로 운행할 경우 전동기가 작동하지 아니하고

차체 중량이 30킬로그램 미만인 것으로서 행정안전부령으로 정하

는 것을 말한다.

도로교통법 시행규칙

제2조의2(개인형 이동장치의 기준) 법 제2조 제19호의2에서 "행정

안전부령으로 정하는 것"이란 다음 각 호의 어느 하나에 해당하는

것으로서 「전기용품 및 생활용품 안전관리법」 제15조 제1항에 따라

안전확인의 신고가 된 것을 말한다.

1. 전동킥보드

2. 전동이륜평행차

3. 전동기의 동력만으로 움직일 수 있는 자전거

그렇기 때문에 술에 취한 상태로 전동킥보드를 운전하는 경우에도 음주운전으로 처벌받을 수 있는 것입니다. 전동킥보드가 도로교통법의 적용을 받아 음주운전 규정의 적용을 받는다는 사실을 알아 두는 것이 필요합니다.

이 사건에서 A는 음주운전 혐의를 받게 되자, 자신은 전동킥보드를 끌고 집으로 가다가 미끄러져서 다친 것일 뿐, 전동킥보드를 운전한 것은 아니라는 주장을 하였습니다.

그러나 이 사건 사고지점으로부터 약 50m 떨어진 곳에 설치되어 있는 CCTV 영상에는 성인 남성으로 보이는 사람이 전동킥보드를 운전하여 사고지점 쪽으로 진행하는 장면이 확인되고, 최초 목격자가 119에 전화하여 사고발생 사실을 신고하여 구급차가 출동하는 장면까지 찍혀 있었습니다. 그런데 해당 영상에서 사고 전후로 전동킥보드를 끌고 가거나 타고 간 사람은 확인되지 않았고, 위 CCTV 설치장소와 사고장소가 불과 50m 정도밖에 떨어져 있지 않은 점 등에 비추어 보면, 위 CCTV 영상에서 확인되는 전동킥보드 운전자가 A가 아닌 다른 사람일 가능성은 상정하기 어려웠습니다.

그리고 법원은 "A가 전동킥보드를 끌고 가다가 미끄러져 넘어지면서 사고가 발생한 것이라고 주장하나, 당시 목격자가 놀라서 뛰어갈 정도로 사로 당시 발생한 소리가 컸던 점, A가 사고로 인해 넘어진 위치가 과속방지턱에 인접한 곳인 점, A가 이 사건 사고로 안면 골절 등 상처를 입었고 사고 직후 정신을 잃을 정도로 충격을 받았던 점에 비추어 보면 A가 단순히 전동킥보드를 끌고 가다가 넘어졌다고 보기는 어렵다."라고 보았습니다.

결국 법원은 A가 음주운전으로 처벌받은 전력이 있음에도 만취 상태에서 전동킥보드를 운전한 점, 혈중알코올농도가 매우 높은 점은 불리한 정상이나, 사회적으로 전동킥보드가 도로교통법상 음주운전 금지규정의 적용을 받는 것에 대하여 아직까지 법인식이 확고하지 아니한 측면이 있어 A의 범의가 중하다고 보이지는 않는 점, A가 전동킥보드를 운전하다가 넘어져 다치는 바람에 범행이 적발되었고, 특별히 그 과정에서 다른 사람에게 피해를 가한 것은 없는 점 등을 이유로 A에게 벌금형을 선고하였습니다.

이 사건에서 주목할 점은 법원이 A에게 벌금형을 선고하면서 "사회적으로 전동킥보드가 도로교통법상 음주운전 금지규정의 적용을 받는 것에 아직까지 법인식이 확고하지 않은 측면이 있다."라는 점을 참작하였다는 것입니다. 이는 달리 설명하면 어느 정도 사회적으로 전동킥보드 역시 음주운전의 적용을 받는다는 것이 알려지게 되는 경우 정상참작이 안 된다는 취지이지요.

술을 마시고 전동킥보드를 운전하는 경우 차를 운전하는 것과 다르지 않고, 또한 사고가 나거나 넘어지는 경우 심하게 다칠 수도 있으니 주의해야 하겠습니다.

A는 자동차운전을 하며 진로를 변경하고자 하는 방향의 전방 및 후방, 좌우를 잘 살피면서 차선을 변경하여 사고를 미리 방지하여야 할 업무상의 주의의무가 있으나, 이를 게을리한 채 그대로 진로를 변경하였습니다.

그러자 때마침 같은 방향 1차로로 진행 중인 피해자 X가 운전하는 차량의 우측 위 바퀴 부분을 A의 차량 좌측 앞 범퍼 부분으로 들이받았습니다. 이 사고로 X는 약 2주간의 치료가 필요한 상해를 입게 되었습니다.

「교통사고처리특례법」은 반의사불벌죄 규정을 두고 있습니다. 해당 규정은 피해자의 명시적인 의사에 반하여 공소를 제기할 수 없도록 하고 있기 때문에 피해자가 처벌불원서를 제출하는 경우 공소기각 판결이 선고됩니다.

형사소송법

제327조(공소기각의 판결) 다음 각 호의 경우에는 판결로써 공소기각의 선고를 하여야 한다.

6. 피해자의 명시한 의사에 반하여 공소를 제기할 수 없는 사건에서 처벌을 원하지 아니하는 의사표시를 하거나 처벌을 원하는 의사표시를 철회하였을 때

교통사고처리특례법에서 반의사불벌죄고 규정하고 있는 것 중 하나는 교통사고처리특례법위반(치상)죄이고, 다른 하나는 과실재물손괴죄(도로교통법 제151조)입니다.

한편 교통사고처리특례법위반(치상)의 경우에도 반의사불벌죄의 예외를 규정하고 있는데, 그것은 피해자를 구호하는 등 필요한 조치를 하지 않고 도주한 경우(뺑소니), 피해자를 사고 장소로부터 옮겨 유기하고 도주한 경우, 음주측정 요구를 거부하는 경우, 기타 12대 중과실의 경우(제3조 제2항 각호 - ① 신호위반, ② 중앙선침범, ③ 제한속도위반, ④ 앞지르기위반, ⑤ 철길건널목통과방법위반, ⑥ 횡단보도침범, ⑦ 무면허운전, ⑧ 음주운전, ⑨ 보도침범, ⑩ 승객추락방지의무위반, ⑪ 어린이보호구역에서의의무위반, ⑫ 낙화물조치위반)로 명시되어 있습니다.

교통사고처리특례법

제3조(처벌의 특례) ① 차의 운전자가 교통사고로 인하여 「형법」 제268조의 죄를 범한 경우에는 5년 이하의 금고 또는 2천만 원 이하의 벌금에 처한다.

② 차의 교통으로 제1항의 죄 중 업무상과실치상죄 또는 중과실치상죄와 「도로교통법」 제151조의 죄를 범한 운전자에 대하여는 피해

자의 명시적인 의사에 반하여 공소를 제기할 수 없다. 다만, 차의 운전자가 제1항의 죄 중 업무상과실치상죄 또는 중과실치상죄를 범하고도 피해자를 구호하는 등「도로교통법」제54조 제1항에 따른 조치를 하지 아니하고 도주하거나 피해자를 사고 장소로부터 옮겨 유기하고 도주한 경우, 같은 죄를 범하고「도로교통법」제44조 제2항을 위반하여 음주측정 요구에 따르지 아니한 경우(운전자가 채혈 측정을 요청하거나 동의한 경우는 제외한다)와 다음 각 호의 어느 하나에 해당하는 행위로 인하여 같은 죄를 범한 경우에는 그러하지 아니하다.

1. 「도로교통법」제5조에 따른 신호기가 표시하는 신호 또는 교통정리를 하는 경찰공무원 등의 신호를 위반하거나 통행금지 또는 일시정지를 내용으로 하는 안전표지가 표시하는 지시를 위반하여 운전한 경우

2. 「도로교통법」제13조 제3항을 위반하여 중앙선을 침범하거나 같은 법 제62조를 위반하여 횡단, 유턴 또는 후진한 경우

3. 「도로교통법」제17조 제1항 또는 제2항에 따른 제한속도를 시속 20킬로미터 초과하여 운전한 경우

4. 「도로교통법」제21조 제1항, 제22조, 제23조에 따른 앞지르기의 방법·금지시기·금지장소 또는 끼어들기의 금지를 위반하거나 같

은 법 제60조 제2항에 따른 고속도로에서의 앞지르기 방법을 위반하여 운전한 경우

5. 「도로교통법」 제24조에 따른 철길건널목 통과방법을 위반하여 운전한 경우

6. 「도로교통법」 제27조 제1항에 따른 횡단보도에서의 보행자 보호의무를 위반하여 운전한 경우

7. 「도로교통법」 제43조, 「건설기계관리법」 제26조 또는 「도로교통법」 제96조를 위반하여 운전면허 또는 건설기계조종사면허를 받지 아니하거나 국제운전면허증을 소지하지 아니하고 운전한 경우. 이 경우 운전면허 또는 건설기계조종사면허의 효력이 정지 중이거나 운전의 금지 중인 때에는 운전면허 또는 건설기계조종사면허를 받지 아니하거나 국제운전면허증을 소지하지 아니한 것으로 본다.

8. 「도로교통법」 제44조 제1항을 위반하여 술에 취한 상태에서 운전을 하거나 같은 법 제45조를 위반하여 약물의 영향으로 정상적으로 운전하지 못할 우려가 있는 상태에서 운전한 경우

9. 「도로교통법」 제13조 제1항을 위반하여 보도가 설치된 도로의 보도를 침범하거나 같은 법 제13조 제2항에 따른 보도 횡단방법을 위반하여 운전한 경우

10. 「도로교통법」 제39조 제3항에 따른 승객의 추락 방지의무를 위

반하여 운전한 경우

11. 「도로교통법」 제12조 제3항에 따른 어린이 보호구역에서 같은 조 제1항에 따른 조치를 준수하고 어린이의 안전에 유의하면서 운전하여야 할 의무를 위반하여 어린이의 신체를 상해에 이르게 한 경우

12. 「도로교통법」 제39조 제4항을 위반하여 자동차의 화물이 떨어지지 아니하도록 필요한 조치를 하지 아니하고 운전한 경우

형법

제268조(업무상과실·중과실 치사상) 업무상과실 또는 중대한 과실로 사람을 사망이나 상해에 이르게 한 자는 5년 이하의 금고 또는 2천만 원 이하의 벌금에 처한다.

이 사건에서 A는 교통사고로 X에게 전치 2주의 경미한 상해를 입게 하였습니다. 그리하여 피해자의 명시적인 의사에 반하여 공소를 제기할 수 없는 반의사불벌죄에 해당하였습니다. X는 공소가 제기된 이후 A의 처벌을 원하지 아니한다는 처벌불원서를 법원에 제출하였고 그 결과 법원은 A에게 공소를 기각하는 판결을 선고하였습니다.

A는 중앙선이 설치되어 좌회전이 불가능한 곳에서 중앙선을 침범하여 좌회전한 과실로 마침 A의 진행방향 우측에서 좌측으로 도로를 건너던 피해자 X의 무릎 부위를 승용차 범퍼 우측으로 들이받아 상해를 입혔습니다.

「교통사고처리특례법」에 따르면 교통사고처리특례법위반(치상)죄와 과실재물손괴죄(도로교통법 제151조)의 경우 자동차종합보험이나 이에 해당하는 공제에 가입된 경우에는 운전자에 대해 공소를 제기할 수 없습니다.

이에 대해서는 예외가 있는데, 반의사불벌죄의 제외 사유가 있는 때[피해자를 구호하는 등 필요한 조치를 하지 않고 도주한 경우(뺑소니), 피해자를 사고 장소로부터 옮겨 유기하고 도주한 경우, 음주측정 요구를 거부하는 경우, 기타 12대 중과실의 경우(제3조 제2항 각 호)] 혹은 피해자가 중상해를 입은 경우 그리고 보험계약 또는 공제계약이 무효로 되거나 해지된 경우가 그것입니다.

교통사고처리특례법

제4조(보험 등에 가입된 경우의 특례) ① 교통사고를 일으킨 차가

「보험업법」 제4조, 제126조, 제127조 및 제128조, 「여객자동차 운수사업법」 제60조, 제61조 또는 「화물자동차 운수사업법」 제51조에 따른 보험 또는 공제에 가입된 경우에는 제3조제2항 본문에 규정된 죄를 범한 차의 운전자에 대하여 공소를 제기할 수 없다. 다만, 다음 각 호의 어느 하나에 해당하는 경우에는 그러하지 아니하다.

1. 제3조 제2항 단서에 해당하는 경우

2. 피해자가 신체의 상해로 인하여 생명에 대한 위험이 발생하거나 불구가 되거나 불치 또는 난치의 질병이 생긴 경우

3. 보험계약 또는 공제계약이 무효로 되거나 해지되거나 계약상의 면책 규정 등으로 인하여 보험회사, 공제조합 또는 공제사업자의 보험금 또는 공제금 지급의무가 없어진 경우

이 사건의 경우 A는 중앙선을 침범하여 좌회전을 한 과실로 교통사고를 내었으므로, 교통사고처리특례법 제3조 제2항 단서 제2호에 해당하여 반의사불벌죄의 예외이자 종합보험에 가입되어 있는 경우에도 공소가 가능한 때에 해당하는 것이 아닌지 여부가 쟁점이었습니다.

교통사고처리특례법 제3조 제2항 단서 제2호 전단의 '도로교통법 제13조 제3항을 위반하여 중앙선을 침범한 경우'라 함은 교통사고가

도로의 중앙선을 침범하여 운전한 행위로 인해 일어난 경우, 즉 중앙선 침범행위가 교통사고 발생의 직접적인 원인이 된 경우를 말하므로, 중앙선 침범행위가 교통사고 발생의 직접적인 원인이 아니라면 교통사고가 중앙선 침범운행 중에 일어났다고 하여 모두 이에 포함되는 것은 아니다(대법원 2016도857 판결 참조). 한편 위와 같이 도로교통법이 도로의 중앙선 내지 중앙의 우측 부분을 통행하도록 하고 중앙선을 침범하여 발생한 교통사고를 처벌 대상으로 한 것은, 각자의 진행방향 차로를 준수하여 서로 반대방향으로 운행하는 차마의 안전한 운행과 원활한 교통을 확보하기 위한 것이다(대법원 2016도18941 판결 참조).

이 사건은 A가 'ㅜ' 자형 삼거리에서 좌회전하여 중앙선을 넘어 차량이 진행방향 차로에 모두 진입한 후에 휴대폰을 보며 건너던 X와 부딪쳐 발생한 사고였습니다. 따라서 중앙선을 넘어 차량이 진행방향 차로에 모두 진입한 후에 휴대폰을 보며 건너던 X와 부딪친 이 사건은 사고발생 경위와 중앙선 침범의 경우 교통사로처리특례법 제3조 제2항 본문, 제4조 제1항 본문 규정의 적용을 배제하도록 한 위 규정의 입법취지 등에 비추어 볼 때, 비록 A가 사고 발생 이전에 좌회전하는 과정에서 중앙선을 침범하였다고 하더라도 이 사건 사고가 중앙선침범이라는 운행상의 과실을 직접적인 원인으로 하여 발생한 것으로 보기 어려운 사정이 있었습니다.

결국 이 사건은 교통사고처리특례법 제3조 제1항, 형법 제268조에 의하여 처벌할 수 있을 뿐이며, 그렇다면 A의 차량이 종합보험에 가입되어 있는 경우 교통사고처리특례법 제4조 제1항 본문에 따라 공소를 제기할 수 없는 때에 해당하는 것이었습니다. 그럼에도 불구하고 이 사건에 대해 공소를 제기되었으므로 법원은 A에 대해서 공소를 기각하는 판결을 선고하였습니다.

특가법위반(도주치상),
도로교통법위반(사고후미조치) / 집행유예

A는 자신의 앞에서 운행 중이던 X의 차량을 자신의 차량 앞부분으로 충격하였습니다. 이 사고로 앞 차량에 탑승 중이던 운전자 X와 동승자 Y는 약 2주간의 치료가 필요한 상해를 입고, 해당 차량은 약 50만 원의 수리비가 발생하는 피해를 입었습니다. A는 즉시 정차하여 필요한 조치를 취하였어야 함에도 그대로 도주하였습니다.

운행 중의 사고인 경우 다른 운전자 등이 다치는 경우가 있을 것이고, 사람이 타지 않고 있는 주차 차량을 손괴한 경우처럼 인사사고가 전혀 발생하지 않는 경우도 있겠지요.

단순히 차량만 손괴하고 도주한 경우에는 도로교통법위반(사고후미조치)가 적용되고, 교통사고가 발생하여 사람을 다치게 하거나 사망하게 하였음에도 그대로 도주한 경우에는 특정범죄가중처벌등에관한법률위반(도주치상)까지 함께 적용됩니다. 이 사건의 경우 A가 도로를 운행 중이던 차량을 들이받아 사람을 다치게 한 것으로서 두 가지 혐의가 모두 적용된 사례입니다.

제5조의3(도주차량 운전자의 가중처벌) ①「도로교통법」제2조에 규정된 자동차·원동기장치자전거의 교통으로 인하여「형법」제268조의 죄를 범한 해당 차량의 운전자가 피해자를 구호하는 등「도로교통법」제54조 제1항에 따른 조치를 하지 아니하고 도주한 경우에는 다음 각 호의 구분에 따라 가중처벌한다.

2. 피해자를 상해에 이르게 한 경우에는 1년 이상의 유기징역 또는 500만 원 이상 3천만 원 이하의 벌금에 처한다.

제268조(업무상과실·중과실 치사상) 업무상과실 또는 중대한 과실로 사람을 사망이나 상해에 이르게 한 자는 5년 이하의 금고 또는 2천만 원 이하의 벌금에 처한다.

제54조(사고발생 시의 조치) ① 차 또는 노면전차의 운전 등 교통으로 인하여 사람을 사상하거나 물건을 손괴한 경우에는 그 차 또는 노면전차의 운전자 등은 즉시 정차하여 다음 각 호의 조치를 하여야 한다.

1. 사상자를 구호하는 등 필요한 조치

2. 피해자에게 인적 사항(성명·전화번호·주소 등) 제공

제148조(벌칙) 제54조 제1항에 따른 교통사고 발생 시의 조치를 하지 아니한 사람은 5년 이하의 징역이나 1천500만 원 이하의 벌금에 처한다.

A는 초범이었고 자신의 잘못을 인정하고 반성하고 있었습니다. 또 사고의 정도 및 피해자들이 입은 상해의 정도가 가벼운 편이었으며, 피해자들이 A의 처벌을 원치 않는다는 의사를 표시하기도 하였습니다.

한편 이 사건은 뺑소니, 즉 업무상과실치상죄를 범하고도 피해자를 구호하는 등 조치를 하지 않고 도주하였으므로 교통사고처리특례법 제3조 제2항 단서에 해당하였습니다. 그렇기 때문에 비록 피해자들이 처벌불원서를 제출하였다고 하더라도 공소기각 판결을 받을 수는 없었지요. 그러므로 이러한 사정은 양형에 반영이 될 뿐입니다.

결국 법원은 A에게 징역형의 집행을 유예하는 판결을 선고하였습니다.

폭주 레이싱 도로교통법위반 / 집행유예

A는 2020년 1월경 다수의 사람들과 함께 인터넷 폭주계정에 암호와 같은 글을 공유하는 방식으로 모임의 시간과 장소를 정하였습니다. 이러한 글을 확인한 사람들은 서로 연락을 하여 직접 폭주운전을 하거나 폭주운전 차량에 동승하기로 하였습니다.

그리고는 새벽 1시 30분부터 약 1시간가량 약 4km 구간을 오토바이로 다수의 오토바이들과 공동하여 앞뒤로 또는 좌우로 줄지어 통행하면서 레이싱을 하였습니다.

속칭 폭주족들이 폭주 일시와 장소 정보를 공유하거나 수사기관의 추적을 피하기 위해 허위정보를 게시(어그로)하는 용도로 SNS 계정을 사용하곤 합니다. A도 마찬가지로 인터넷 폭주계정을 통해 이러한 정보를 공유하고 있었습니다.

레이싱이나 폭주를 하는 것은 도로교통법에서 금지하고 있는 '공동위험행위'에 해당합니다. 따라서 이러한 행위를 하는 것만으로도 처벌을 받을 수 있는 것이지요.

도로교통법

제46조(공동위험행위의 금지) ① 자동차 등의 운전자는 도로에서 2명 이상이 공동으로 2대 이상의 자동차 등을 정당한 사유 없이 앞뒤

로 또는 좌우로 줄지어 통행하면서 다른 사람에게 위해를 끼치거나 교통상의 위험을 발생하게 하여서는 아니 된다.

② 자동차 등의 동승자는 제1항에 따른 공동위험행위를 주도하여서는 아니 된다.

A는 동종 범죄로 이미 처벌을 받은 전력이 있음에도 다시 반복하여 범행을 저지른 상황이었습니다. 다만 A가 자백을 하고 반성을 하고 있는 점을 유리한 사정으로 보았지요. 이러한 사정을 모두 참작하여 법원은 A에게 징역형의 집행유예를 선고했습니다.

한편 공동위험행위로 사고가 발생하였다 하여 보험회사에 교통사고 보험금을 청구·수령하는 경우, 이는 또 다른 범죄행위인 「보험사기방지 특별법」상의 '보험사기'에도 해당됩니다. 그리고 이러한 경우에는 수사 단계부터 구속되는 경우가 많습니다. 따라서 공동위험행위를 해서도 안 되겠지만 만약 이러한 행위로 사고가 나는 경우에는 보험이 청구될 수 없는 때에 해당하기 때문에 보험금을 청구해서는 안 됩니다.

제2조 (정의) 이 법에서 사용하는 용어의 뜻은 다음과 같다.

1. "보험사기행위"란 보험사고의 발생, 원인 또는 내용에 관하여 보험자를 기망하여 보험금을 청구하는 행위를 말한다.

제8조(보험사기죄) 보험사기행위로 보험금을 취득하거나 제삼자에게 보험금을 취득하게 한 자는 10년 이하의 징역 또는 5천만 원 이하의 벌금에 처한다.

제10조(미수범) 제8조 및 제9조의 미수범은 처벌한다.

따라서 도로교통법 등을 위반하여 사고가 발생한 경우 전문가의 도움을 받아 대응하는 것이 다른 범죄에까지 연루되지 않는 가장 좋은 방법이라 할 것입니다.

형사 사건이 진행 중인 의뢰인과 상담을 하는 경우 '어떻게 하면 집행유예를 받을 수 있는지'에 대한 질문을 가장 많이 받는 것 같습니다. 특히 집행유예기간 중에 범죄를 저지르면 기존의 집행유예가 무조건 취소되는지, 그리고 집행유예 기간 중 범죄를 저질렀을 때, 다시 집행유예를 받을 수 있는지 여부에 대한 문의가 많습니다.

집행유예는 쉽게 말해 집행을 유예한다는 것입니다. 따라서 '징역 10개월 집행유예 2년'이 선고되었다는 것은 '징역 10개월의 집행을 2년 동안 유예해 주겠다. 선처해 주는 거다. 그동안 근신하고 잘 보내면 징역 10개월 안 살게 해 주겠다. 다만 집행유예 기간 중에 집행유예가 취소되거나 실효되는 일이 발생하면 언제든 징역 10개월 살아야 하는 거다.'라는 의미입니다.

형법

제65조(집행유예의 효과) 집행유예의 선고를 받은 후 그 선고의 실효 또는 취소됨이 없이 유예기간을 경과한 때에는 형의 선고는 효력을 잃는다.

그렇다면 집행유예 기간 중에 범죄를 저질러 기존의 집행유예가 실효되는 경우에 대해 살펴보겠습니다.

제63조(집행유예의 실효) 집행유예의 선고를 받은 자가 유예기간 중 고의로 범한 죄로 금고 이상의 실형을 선고받아 그 판결이 확정된 때에는 집행유예의 선고는 효력을 잃는다.

만약 A에게 징역 10개월 집행유예 2년이 선고되었다고 하는 경우 ① 그 집행유예 기간 중에 ② 고의로 범죄를 저질러, ③ 금고 이상의 실형[6]이 확정되면 A의 집행유예는 효력을 잃어, 기존의 징역 10개월의 형을 살게 되는 것입니다.

다음으로, 집행유예를 받기 위한 요건은 무엇일까요.

제62조(집행유예의 요건) ① 3년 이하의 징역이나 금고 또는 500만 원 이하의 벌금의 형을 선고할 경우에 제51조의 사항을 참작하여 그

---

6 실형을 선고받는 경우에 한정하므로, 집행유예 기간 중에 집행유예를 선고받는 경우 기존의 집행유예 선고는 실효되지 않는다.

정상에 참작할 만한 사유가 있는 때에는 1년 이상 5년 이하의 기간 형의 집행을 유예할 수 있다. 다만, 금고 이상의 형을 선고한 판결이 확정된 때부터 그 집행을 종료하거나 면제된 후 3년까지의 기간에 범한 죄에 대하여 형을 선고하는 경우에는 그러하지 아니하다.

법원은 ① 3년 이하의 징역 또는 금고 또는 500만 원 이하의 벌금형을 선고하는 경우에 ② 집행을 유예해 줄 만한 참작 사유가 있으며, ③ 금고 이상의 형을 선고한 판결이 확정된 때부터 그 집행을 종료하거나 면제된 후 3년까지의 기간에 범한 죄에 대하여 형을 선고하는 경우가 아닌 때에 한하여 집행을 유예하는 판결을 선고할 수 있습니다.

그렇다면 집행유예 기간 중에 죄를 저질렀을 때 다시 집행유예가 선고될 수 있을까요?

집행유예 기간 중에 범한 죄에 대하여 형을 선고할 때에, 집행유예의 결격사유를 정하는 형법 제62조 제1항 단서 소정의 요건에 해당하는 경우란, 이미 집행유예가 실효 또는 취소된 경우와 그 선고 시점에 미처 유예기간이 경과하지 아니하여 형 선고의 효력이 실효되지 아니한 채로 남아 있는 경우로 국한되고, 집행유예가 실효 또는 취소됨이 없이 유예기간을 경과한 때에는, 형의 선고가 이미 그 효력을 잃게 되어 '금고 이상의 형을 선고'한 경우에 해당한다고 보기 어려울 뿐 아니라, 집행의 가능성이 더 이상 존재하지 아니하여 집행종료나 집행 면제의 개념도 상정하기 어려우므로 위 단서 소정의 요건에 해당하지 않는다고 할 것이므로, 집행유예 기간 중에 범한 범죄라고 할지라도 집행유예가 실효 취소됨이 없이 그 유예기간이 경과한 경우에는 이에 대해 다시 집행유예의 선고가 가능하다(대법원 2006도6196 판결 참조).

위 판례에 따르면 집행유예 기간 중에 범한 죄에 대하여 공소가 제기된 후 그 재판 도중에 집행유예 기간이 경과한 경우 집행유예 기간 중에 범한 죄에 대하여 다시 집행유예를 선고할 수 있습니다.

그렇기 때문에 집행유예 기간이 얼마 남지 않은 상태에서 집행유예 기간 중에 범한 죄의 수사나 재판을 받는 경우에는 실무상 최대한 시간을 끌어 집행유예 기간이 경과한 이후 선고를 받고자 노력하는 경우가 많습니다. 그래야 기존의 집행유예도 실효됨이 없이 종료되고, 다시 집행유예를 받아 실형을 살지 않을 수 있기 때문이지요.

물론 이러한 경우 이론상 집행유예가 가능하다는 것으로, 시간만 끌면 무조건 실형을 면하고 집행유예를 받을 수 있는 것은 당연히 아

닙니다. 형의 집행을 유예해 주었다는 것은 일종의 선처를 해 준 것

인데, 그 기간 중에 또다시 범죄를 저질렀기 때문에 법원 입장에서는

재차 선처를 해 주기 어려운 측면이 있기 때문입니다.

보이스피싱

　보이스피싱을 근절하기 위해 정부에서 많은 대책들을 마련하고 있는데, 범죄자들은 보란 듯이 새로운 방식이나 범죄 형태로 변화해 가며 계속 피해자를 양산하고 있는 상황입니다. 대포통장을 만들기 어렵게 제도를 정비하였더니 최근에는 통장 거래를 통하지 않고 직접 현금을 가지고 가는 방식으로 바뀌기도 하였습니다.

　단순 심부름을 가장하여 피해자의 현관 비밀번호를 알려 주며 집에 들어가 냉장고 안의 물건을 가져오도록 하거나, 신용정보회사 채권담당 대리인을 모집한다며 광고 문자를 보내고, 일자리를 문의하는 사람들에게 특정 장소로 이동하여 채권회수라는 명목으로 현금을 받아 제삼자에게 전달하도록 하는 식의 보이스피싱도 널리 행해지고 있습니다.

　보이스피싱 범죄는 아무리 단순한 과정에 연루된다 하더라도 구속을 면하기 쉽지 않습니다. 아르바이트를 구하는 사이트에서 단순 아르바이트인 줄 알고 찾아갔더니 통장에서 현금을 찾아오기에 너무 쉬운 심부름이라 가벼운 마음으로 하였다가 이틀 만에 영문도 모른 채 체포되어 유치장에 구속되는 경우도 허다합니다.

법원은 보이스피싱 범죄로 인한 사회적 폐해가 심각하므로 이를 근절하기 위해서는 인출책, 현금 전달책 등 보이스피싱 범행에서 필수불가분적인 역할을 담당하고 있는 하위 역할분담자들에 대하여도 신속한 구속수사와 엄중한 처벌이 불가피하다는 점을 강조하고 있습니다.

혹시라도 부업이나 아르바이트를 찾는 경우 통장거래나 돈을 융통하는 일과 관련하여 고소득을 제안하는 자리가 있다면 보이스피싱이나 다른 불법에 가담하는 것일 확률이 아주 높으니 반드시 피해야 합니다. 호기심에 시작했다가 한순간에 전과자가 될 수도 있습니다.

보이스피싱 현금수거책 사기 / 징역형

A는 보이스피싱 조직원 Z로부터 교부받은 위조된 금융기관 명의 '채무완납증명서'를 X에게 교부한 후 그로부터 현금을 받아 보이스피싱 조직의 다른 조직원에게 전달하고 그 대가로 수고비를 받기로 공모하였습니다.

A는 X를 만나 ▽▽은행 직원인 것처럼 행세하면서 위조된 '채무완납증명서'를 건네주었으나 X가 현금이 들어 있는 것처럼 꾸민 '위장된 은행 봉투'를 주는 바람에 미수에 그치게 되었습니다.

이로 인해 A는 사기미수, 위조사문서행사 혐의로 재판을 받게 되었습니다.

A는 심부름대행업체 아르바이트를 하는 것으로만 알았을 뿐 피해자 X로부터 전달받은 금원이 보이스피싱 사기 편취금임을 전혀 알지 못하였다며 무죄를 주장하였습니다.

이 사건에서 법원은 A가 전화 상대방으로부터 지시를 받아 현금을 수거하고 이를 송금하는 등의 역할을 이행하려고 하였는데, 이와 같은 일을 하게 된 경위나 내용 자체가 이례적이어서, 정상적인 아르바이트 내지 심부름 업무라고는 도저히 볼 수 없다고 판단하였습니다. 또한 A가 지급받기로 한 대가는 단순한 심부름의 대가로 보기에는 금액이 너무 크기도 하였습니다.

A는 인적 사항을 알지 못하는 Z의 지시에 따라 모르는 사람으로부터 돈을 받아오는 일을 하였고, 그와 같은 업무를 수행하면서 전화나

문자메시지를 이용하여 연락을 주고받았을 뿐 위 Z를 실제로 만나거나 그와 근로계약서를 작성한 바도 없었습니다.

또한 A는 마스크를 쓰고 현장에 나타났고 X의 이름을 물은 후 통화하던 상대방과 전화통화를 하도록 전화를 바꿔 주었는데, 이러한 A의 업무 수행 경위, 업무의 내용 및 구조 등에 비추어 보면, A가 수행한 업무는 건전한 상식을 가진 일반인이라면 그 불법성을 인지할 수있을 정도로 이례적인 것이었습니다. 정확히 보이스피싱이라고 생각하지 못했다고 하더라도 말이지요.

보이스피싱 범죄는 최근 사회적인 문제로 대두되어 다양한 매체를통하여 그로 인한 피해 방지를 위한 홍보가 활발히 이루어져 왔고, 인터넷 검색을 통하여도 보이스피싱 범죄가 총책, 피해자를 기망하는유인책, 접근매체 모집책, 접근매체 전달책, 현금인출책, 송금책 등의점조직의 형태로 이루어지고 있다는 것과 그중 현금전달책 또는 송금책의 범행 방식에 관한 구체적인 내용을 어렵지 않게 확인할 수 있기 때문에 A가 자신의 행동이 위법한 것이라는 인식을 할 수밖에 없었을 것이라는 판단입니다.

결국 법원은 A의 사기범행이 미수에 그치긴 하였지만, 보이스피싱범행으로 인한 사회적 폐해가 심각하고 이를 근절하기 위해서는 하위 역할분담자들에 대하여도 엄중한 처벌이 불가피하다는 점을 지적하며, A가 동종범죄로 인한 집행유예 기간 중임에도 자숙하지 않고 이 사건 범행을 저지른 점, 피해자로부터 용서받지 못한 점 등을 이유로 A에게 징역형을 선고하였습니다.

A와 B는 보이스피싱 범죄단체 조직계획을 수립하며 약 3년간 중국 길림성 연변 조선족자치주 연길시, 훈춘시, 용정시에 각각 사무실을 임차한 후 책상 등 가구, 컴퓨터, 인터넷 설비, 발신 전화번호가 '02-' 또는 '010-'으로 자동변환 되도록 프로그래밍된 전화기 등 보이스피싱에 필요한 범행 도구를 비치하였습니다. 그리고 각 사무실 부근에 조직원들이 함께 숙식할 수 있는 숙소를 여러 군데 마련하는 등 물적 설비를 갖추어 팀장과 팀원 등 보이스피싱 조직에 가담한 공범자들이 사용하는 콜센터 사무실로 운영하였습니다.

A와 B는 총책으로서, 위와 같이 중국 연길, 훈춘, 용정시에서 각 콜센터 사무실을 개소하고 콜센터를 팀제로 운영하면서 각 팀을 책임지고 운영할 조선족 관리자, 팀장과 그 휘하에 피해자들과 직접 전화통화를 하는 상담원 역할을 담당할 조직원을 선발하였고, 보이스피싱으로 입금된 돈을 현금으로 인출하거나 피해자로부터 직접 피해금을 수령할 국내 인출팀을 조직하고 그 인출팀에서 일할 조직원들을 선발·관리하였습니다.

A와 B는 조직원들을 구성한 후, 개인정보 DB를 약 2~3일에 한 번씩 팀원들에게 배포하고, 팀원들은 위 개인정보 DB에 있는 피해자들에게 전화하여 1차로 검찰청 소속 수사관을 사칭하면서 "당신의 계좌가 대포계좌로 이용되었다. 당신이 가해자인지 피해자인지 확인해야 한다. 검사님을 바꿔 주겠다."라고 말하고(1차 상담), 이어 검사를 사칭하는 다른 팀원이 전화를 건네받아 "당신이 가해자가 아니라는 것을 증명하려면 당신의 계좌에 있는 돈을 안전한 계좌로 옮겨 놔야 하니 지정하는 계좌로 돈을 송금해라." 또는 "우리가 보내는 금융감독원 직원에게 건네줘라."라는 취지로 거짓말을 하였습니다(2차 상담). 그리고 이에 속은 피해자로 하여금 금원을 일명 '장집'('통장 모집'의 줄임말로서 대포통장 계좌를 보이스피싱 조직에 팔고, 국내에서 피해금원을 현금으로 인출하여 중국 위안화로 환치기하여 중국에 들여오는 조선족 일당)을 통해 미리 준비해 둔 대포통장 계좌로 돈을 송금하도록 하여 위 '장집'의 국내 인출

책을 통해 즉시 인출하거나 금융감독원 직원을 사칭한 수금책을 통해 피해자로부터 직접 돈을 수령한 후 이를 환치기 수법으로 중국으로 송금받아 그 수익을 조직원들의 기여 정도에 따라 분재하였고, 한편 팀원들은 팀장 및 관리자들의 지시에 따라 다른 팀으로 지원을 나가는 등 상호 교류하였습니다.

한편 A와 B 그리고 각 실장, 팀장들은 개인적인 인간관계를 이용하여 신규 조직원들에게 접근한 다음 중국에서 일을 하면 쉽게 단기간에 큰돈을 벌 수 있다는 취지로 제의하여 신규 조직원들이 이를 수락하면 항공권을 마련해주고, 신규 조직원들이 중국으로 오면 팀장 또는 상위 조직원으로 하여금 보이스피싱을 위한 교육을 하게 하고 그와 동시에 조직원으로 가입시켰습니다. 그리고 한국으로 귀국하거나 탈퇴하기를 원하는 조직원들에게는 중국으로 들어올 때 조직에서 부담해 준 비행기 값이나 가불해 간 생활비를 갚기 전까지는 귀국할 수 없다는 취지로 협박하거나 국내에 파견된 인출 내지 수금 팀의 조선족들이 언제든지 국내 집이나 가족들을 찾아갈 수 있다는 취지로 협박하여 조직원들의 탈퇴를 방지하기도 하였습니다.

범죄단체조직죄는 집단적 범죄의 경향과 그 위험성에 비추어 특별히 규정한 것입니다. 보이스피싱 범죄의 경우 초기에는 단순 사기죄 혐의만 적용이 되었었는데, 통상 범죄단체를 조직하려는 계획을 세운 후, 사무실과 집기 등을 구비하고, 중간관리책이나 상담원으로 활동할 인원을 모집하고 이렇게 모인 인원을 철저히 관리하며 서로의 개인정보를 알 수 없도록 가명을 사용하고, 조직에서 빠져나가거나 귀국하지 못하게 관리합니다. 또한 범행을 발설하면 가족들이 위험해질 수 있다며 협박을 하는 방식으로 단체를 유지하려고 한다는 특징이 있어, 2017년경부터는 범죄단체조직·가입·활동죄를 적용하기 시작하였습니다.

제114조(범죄단체 등의 조직) 사형, 무기 또는 장기 4년 이상의 징역에 해당하는 범죄를 목적으로 하는 단체 또는 집단을 조직하거나 이에 가입 또는 그 구성원으로 활동한 사람은 그 목적한 죄에 정한 형으로 처벌한다. 다만, 형을 감경할 수 있다.

제347조(사기) ① 사람을 기망하여 재물의 교부를 받거나 재산상의 이익을 취득한 자는 10년 이하의 징역 또는 2천만 원 이하의 벌금에 처한다.

형법 제114조에서 정한 '범죄를 목적으로 하는 단체'란 특정 다수인이 일정한 범죄를 수행한다는 공동목적 아래 구성한 계속적인 결합체로서 그 단체를 주도하거나 내부의 질서를 유지하는 최소한의 통솔체계를 갖춘 것을 의미하며, '범죄를 목적으로 하는 집단'이란 특정 다수인이 사형, 무기 또는 장기 4년 이상의 범죄를 수행한다는 공동목적 아래 구성원들이 정해진 역할분담에 따라 행동함으로써 범죄를 반복적으로 실행할 수 있는 조직체계를 갖춘 계속적인 결합체를 의미한다. '범죄단체'에서 요구되는 '최소한의 통솔체계'를 갖출 필요는 없지만, 범죄의 계획과 실행을 용이하게 할 정도의 조직적 구조를 갖추어야 한다(대법원 2019도16263 판결 참조).

법원은 A와 B가 범행을 모두 자백하고 있고, 자수하는 등으로 수사에 적극 협조한 점, 피고인들에게 처벌 전력이 전혀 없거나 동종 범죄로 처벌받은 전력이 없는 점은 유리한 사정이라고 보았습니다. 그러면서 보이스피싱은 불특정 다수인을 상대로 계획적·조직적으로 이루어져 다수의 피해자들에게 중대한 경제적 손해를 가함은 물론 사칭의 대상이 된 공공기관의 신용을 훼손하는 죄질이 매우 불량한 범죄임을 강조하였습니다.

그러면서도 "피고인들이 담당하였던 수사관을 사칭하는 역할이 그리 비중이 낮다고 할 수 없는 점, 피해자들의 금전적인 피해 자체도 크고 지금까지도 개인정보 유출에 대한 우려 등 정신적인 고통도 겪고 있는 것으로 보이는 점에 비추어 피고인들에게 그 죄책에 상응한 실형 선고가 불가피하다."라며, 법원은 두 피고인에게 징역형을 선고하였습니다.

전자금융거래법위반 / 벌금형

A는 대부업체 직원을 사칭하는 보이스피싱 조직원으로부터 '원리금 상환용 체크카드를 보내 주면 1,000만 원을 대출해 주겠다.'라는 취지의 제안을 받고 이를 승낙한 다음 자신의 명의인 ◇◇은행 계좌에 연결된 체크카드 1매, ▽▽ 은행 계좌에 연결된 체크카드 1매를 위 보이스피싱 조직원에게 전달하였습니다.

「전자금융거래법」은 누구든 전자금융거래에 이용되는 접근매체를 사용·관리함에 있어서 대가를 수수·요구 또는 약속하면서 접근매체를 대여하여서는 안 된다고 규정하고 있습니다.

전자금융거래법

제6조(접근매체의 선정과 사용 및 관리) ③ 누구든지 접근매체를 사용 및 관리함에 있어서 다른 법률에 특별한 규정이 없는 한 다음 각 호의 행위를 하여서는 아니 된다.

2. 대가를 수수·요구 또는 약속하면서 접근매체를 대여받거나 대여하는 행위 또는 보관·전달·유통하는 행위

제49조(벌칙) ④ 다음 각 호의 어느 하나에 해당하는 자는 5년 이하의 징역 또는 3천만 원 이하의 벌금에 처한다.

2. 제6조 제3항 제2호를 위반하여 접근매체를 대여받거나 대여한 자 또는 보관·전달·유통한 자

전자금융거래법위반 행위는 전자금융거래의 안전성과 신뢰성을 저해할 뿐만 아니라, 대여한 접근매체가 금융사기 등 각종 불법행위에 악용됨으로써 피해자를 양산하는 등 사회에 미치는 악영향이 대단히 크다는 문제가 있습니다. 실제 이 사건에서 A가 대여한 접근매체가 금융사기 범행에 이용되기도 하였지요.

법원은 A가 잘못을 인정하고 있고, 보이스피싱 조직원이 대출을 받기 위해서는 체크카드가 필요하다고 주장하기에 그 요구에 응한 것으로 그 범행경위에 참작할 만한 사유가 있으며, A가 이 사건 범행으로 실제로 취득한 이익이 없다는 점을 이유로 A에게 벌금형을 선고하였습니다.

Z는 2020년 8월경 피해자 X에게 자신이 검사라고 사칭하며 "당신의 명의가 도용되어 신용카드가 발급되었고 신용대출이 발생했다. 범인을 추적하기 위해 현재 통장에 있는 돈을 모두 현금으로 인출해야 한다."라고 거짓말하였습니다.

이에 속은 X는 자신의 은행계좌에서 현금 3,000만 원을 인출하였는데, Z는 다시 X에게 그 현금을 냉장고 안에 보관하라고 지시하면서 "금융범죄에 연루되었으니 감식을 위해 현관 비밀번호를 알려 달라."라며, "지금 동사무소로 가서 주민등록등본 서류를 발급해 오라."라고 지시하였습니다.

Z의 거짓말에 속은 X가 집을 비우자, A는 X의 현관 비밀번호를 누르고 집 안으로 침입하여 X가 냉장고에 보관한 현금 3,000만 원을 가지고 나와 지하철역 물품보관함을 통해 다른 보이스피싱 조직원에게 전달하였습니다.

통장을 이용한 보이스피싱(금융사기) 범죄가 사람들에게 많이 알려지고 대포통장 근절을 위해 신규 예금계좌 개설이 어려워지자, 최근 보이스피싱 범죄는 이 사건과 유사한 양상으로 진화하고 있습니다. 접촉 없이 계좌 이체를 하도록 하는 것을 넘어 직접 집에 들어가 현금을 가져 나오는 대담한 방식을 취하게 된 것이지요.

이 사건에서 A는 단순히 Z의 지시를 받아 특정인의 주거에 침입을 하여 현금을 절취해 온 것으로 절도죄와 주거침입죄 두 가지 혐의로 재판을 받게 되었습니다. A는 전과가 전혀 없는 초범이었고, 자신이

하는 행위가 정확히 어떤 범죄인지 확실히 알지는 못한 사정이 있었습니다.

한편 A는 이 사건으로 인해 심부름 값 몇만 원을 받았을 뿐, 절취한 3,000만 원은 그대로 전달하였기 때문에 이에 대해서는 어떠한 경제적 이익을 얻지 못하였습니다. 그렇지만 수사단계에서부터 구속되었던 A는 X가 입은 피해액 전액 3,000만 원을 변제하고 합의를 하였습니다. 이러한 A의 피해회복 노력 덕분에 법원은 A에게 집행유예를 선고하여 주었습니다.

실제로 보이스피싱 범죄는 정작 큰 이익을 얻는 수뇌부는 잡히지 않으면서, 주로 말단에서 심부름하는 사람들이 체포됩니다. 이런 경우 체포된 피의자는 해당 범죄로 얻은 수익도 없으면서 피해자들의 피해금액을 변제해야 하는 상황에 놓이게 됩니다. 본인은 범죄인지도 모르고 한 일이었다는 주장은 보이스피싱 범죄의 특성상 받아들여지지 않습니다.

따라서 쉽게 돈을 벌 수 있다거나 고액의 아르바이트라는 점에 현혹되었다가는 더 큰 돈을 잃게 되고 심지어 전과자가 되어 버릴 수 있기 때문에 유혹에 넘어가지 않도록 반드시 주의해야 할 것입니다.

상품권 구매대행 사기미수방조 / 집행유예

A는 2020년 5월경 금융사기 범죄조직원인 Z로부터 '돈을 입금시켜 줄 테니 그 돈으로 상품권을 구매한 뒤 그 상품권을 지정하는 사람에게 전달해 달라. 그러면 수수료를 주겠다.'라는 취지의 제안을 받았습니다. A는 그 돈이 보이스피싱 편취금일 수 있다는 것을 알고 있었음에도 생활비 등을 마련하기 위하여, 위 제안에 따르기로 하였습니다.

Z는 2020년 4월경 허위의 인터넷 쇼핑몰 결제 문자메시지를 피해자 X의 휴대전화로 보낸 뒤 이를 보고 놀란 X로부터 연락이 오자 구매를 취소해 주겠다고 말하였습니다. 그런 후 다시 경찰관을 사칭하면서 X에게 연락하여 "검찰청에서 알아보니 당신의 명의가 도용되어 통장이 개설되었고, 통장을 가지고 사기범들이 13억 원 정도 사기를 쳐서 당신이 고소를 당한 상황이다. 이제 곧 출석을 해야 하니 구속되지 않고 약식기소를 하게 해 달라고 검사에게 이야기하라."라고 하면서 검사와 통화할 수 있는 연락처를 알려 주어 X로 하여금 그 연락처로 연락을 하도록 하였습니다.

Z가 알려 준 연락처로 X가 전화를 걸자 Z는 자신이 검사인 것처럼 사칭하면서 X에게 "월요일에 출두해야 하는데, 최선을 다해 잘 처리해 드리겠다. 우선 휴대전화에 팀뷰어 앱을 설치해라."라고 말하여 X로 하여금 휴대폰에 팀뷰어 앱을 설치하게 한 뒤 그 앱을 통해 이체할 계좌와 금액 등을 입력하고 X로 하여금 OTP 번호를 입력하도록 하였습니다. 이러한 방법으로 Z는 2020년 5월경 A 명의의 □□은행 계좌로 1억 원, △△은행 계좌로 5천만 원이 각각 송금되도록 하였습니다.

A는 자신의 명의 계좌로 위 편취금이 입금되자 Z가 지시하는 계좌로 수수료 100만 원을 제외한 1억 2,900만 원을 이체하고, 며칠 뒤 종로구에 있는 ◇◇에서 100만 원권 상품권 129장을 건네받았습니다. 그리고는 Z가 지정해 준 장소로 이동하여 상품권을 건네주려다가 출동한 경찰관에게 체포되는 바람에 Z의 사기범행은 미수에 그치게 되었습니다.

최근에는 가족이나 지인인 것처럼 휴대전화 메시지로 상품권 구매를 요구한 후 그 일련번호를 알려 달라는 식의 금융사기가 적지 않게 벌어지고 있습니다. 범인이 자신의 정보를 주지 않고도 상품권 거래를 통해 이익을 얻을 수 있고 현금화하기 편리하다는 장점을 이용한 것입니다.

이 사건 역시 Z가 입금된 편취금을 상품권으로 바꿔 추적을 피하려고 한 것으로 볼 수 있습니다. 이 사건으로 A는 Z의 사기행위를 도왔다는 혐의(방조)로 재판을 받게 되었습니다.

형법

제32조(종범) ① 타인의 범죄를 방조한 자는 종범으로 처벌한다.
② 종범의 형은 정범의 형보다 감경한다.

이 사건에서 법원은 A가 Z의 보이스피싱 범행을 용이하도록 상품권 구매대행을 하였고 그 액수가 1억 원이 넘는 거액인 점은 불리한 정상으로 보았습니다. 그러면서도 법원은 A가 이제껏 처벌받은 전력이 전혀 없는 점, 미필적인 고의로 범행에 나아갔고 Z의 범행이 미수에 그친 점, A가 얻은 이익이 100만 원에 불과한 점, 상품권 판매회사로부터 상품권을 교부받을 당시 체포된 이후 경찰의 협조 요청을 받

고 수사에 적극 협조한 점을 참작하여 A에게 징역형의 집행유예를

선고하였습니다.

B는 휴대전화 채팅 어플리케이션을 이용하여 사람들을 속여 돈을 편취하는 사람이었습니다.

B는 쉬운 아르바이트를 찾는다며 미성년자 A에게 접근하였고, A에게 "너의 명의 계좌번호를 알려 달라. 그 계좌로 돈이 들어올 텐데 입금받은 돈은 내가 지정하는 계좌로 다시 이체해 주기만 하면 된다."라는 말을 하였습니다.

A는 B가 지시하는 대로 이체를 하면서 몇만 원의 수수료를 받았습니다. 이후 피해자의 신고로 계좌 명의인인 A가 조사를 받게 되었습니다.

「금융실명거래 및 비밀보장에 관한 법률」은 누구든지 탈법행위를 목적으로 타인의 실명으로 금융거래를 하지 못하도록 규정하고 있습니다.

만약 A가 자신의 통장번호와 비밀번호 등 정보를 알려 주면서 B로 하여금 자신의 명의 계좌를 마음대로 사용하게 하였다면, 전자금융거래법위반이 성립하였을 것입니다.[7] 그러나 이 사건에서 A는 자신의 계좌번호만 B에게 알려 주었을 뿐이었고, 이 계좌로 들어온 돈을 B가 지시하는 대로 스스로 이체를 해 주었기 때문에 금융실명법위반죄가 적용되었습니다.

---

7   앞의 사례 중 대출을 미끼로 체크카드를 요구하였던 것과 비교하면 이해가 쉬울 것입니다.

금융실명거래 및 비밀보장에 관한 법률

제6조(벌칙) ① 제3조 제3항 또는 제4항, 제4조 제1항 또는 제3항부
터 제5항까지의 규정을 위반한 자는 5년 이하의 징역 또는 5천만 원
이하의 벌금에 처한다.

제3조(금융실명거래) ③ 누구든지 「특정 금융거래정보의 보고 및 이
용 등에 관한 법률」 제2조 제3호에 따른 불법재산의 은닉, 같은 조
제4호에 따른 자금세탁행위 또는 같은 조 제5호에 따른 공중협박자
금조달행위 및 강제집행의 면탈, 그 밖에 탈법행위를 목적으로 타인
의 실명으로 금융거래를 하여서는 아니 된다.

A는 몇 차례 이체를 한 후에야 비로소 자신의 행위가 단순 아르바
이트가 아니라 범죄일 수도 있겠다는 사실을 인지하게 되었습니다.
이후 A는 변호인을 선임하여 피해자에게 사죄문을 전달하고 피해 금
액 전부를 지급하고 합의하였습니다.

결국 검사는 A의 태도로 보아 다시 잘못을 저지르지 않을 것임을
신뢰하였고 그 결과 기소를 유예하는 처분을 하였습니다.

이 사건으로 미성년자인 A가 큰 충격을 받은 것은 물론 A의 부모
는 피해자와 합의를 하기 위해 피해 금액 전부를 지급하여 큰 손해를

입기도 하였습니다. 그러므로 미성년자인 자녀가 이러한 일에 연루
되지 않도록 각별히 신경 쓰고 교육을 하는 것이 필요합니다.

안녕하세요. 채다은 변호사입니다.

보이스피싱 피해자분들께서 저희 사무실로 사건 문의를 많이 해 주시는데요, 저희 사무실은 보이스피싱 사건의 피해자 대리는 하지 않습니다.

이유에 대해서 설명드립니다. 보이스피싱 피해를 당하신 경우 경찰서에 바로 신고하시면 됩니다. 변호사를 선임해서 고소를 하는 경우 변호사 선임비용이 들고, 그 반면에 피해금액이 회수되는 경우는 거의 없습니다. 더욱이 가해자를 특정하지 못하는 경우 기소중지 처분이 내려져 절차가 더 이상 진행되지 않으며, 그러한 경우 피해자는 아무런 피해회복을 할 수 없습니다. 그리고 이러한 경우는 허다합니다.

따라서 보이스피싱 피해의 경우 변호사가 도와드릴 수 있는 부분이 거의 없고, 오히려 그런 상황에서 변호사를 선임하는 건 추가로 비용만 더 들이는 결과가 될 수 있습니다.

저는 변호사가 사건을 선임하면 그만큼 뭔가 의뢰인에게 더 나은 결과가 있어야 한다고 생각하는데, 그렇지 못한 사건은 수임하고 싶지 않습니다. 변호사 선임료만 더 날렸다는 말을 듣고 싶지 않기 때문입니다.

결국 가해자 편이어서 피해자 대리를 하지 않는 것이 아니라, 피해를 당하신 분들께서는 굳이 변호사 비용까지 들이지 마시고 사건을 해결하시는 걸 권한다는 취지에서 피해자 대리를 하지 않습니다. 그러니 피해를 당하셨으면 경찰서로 문의하시고, 변호사 사무실에 추가로 연락할 필요는 없다는 게 제 생각입니다.

저희 사무실은 변호사가 일일이 의뢰인과 소통하고 결과에 대해 같이 고민합니다. 그렇기 때문에 한번 보고 말 사람이니까 선임료나 받으면 되고, 결과야 어찌되었든, 나 몰라라 하는 그런 사무실이 못 됩니다. 저희 사무실은 사무장도 없습니다. 그래서 사건 많이 선임해서 공장처럼 돌리는 그런 시스템도 아닙니다. 그러므로 굳이 피해자에게 손해보전도 되지 않을 사건은 수임하고 싶지 않습니다.

다만, 피해회복이 어려운 걸 잘 알고, 변호사 선임료 정도는 정말 아깝지 않다고 생각하면서 추가비용을 들여서라도 꼭 변호사를 대리인으로 하여 고소든 합의든 도움을 받고 싶다고 생각하시는 분들이라면 얼마든지 환영입니다.

아동학대

2020년 10월경 생후 16개월 된 입양아동을 학대하여 사망하게 한 사건이 알려지면서 대한민국이 발칵 뒤집혔습니다. 많은 시민들은 검찰청 앞으로 가, 이 사건은 아동학대치사가 아니라 살인죄를 적용하여야 하는 것이라며 시위를 하기도 하였지요.

이 사건을 계기로 아동학대에 대한 사회 인식이 많이 바뀐 것 같습니다. 아동학대 신고가 증가하였고, 아동학대에 관한 기사가 눈에 띄게 늘었으며, 아동이 학대를 받던 중 사망한 다른 사례에서도 살인죄로 기소하였다는 소식이 들리기도 합니다.

한편 2021년 2월 26일 국회는 '아동학대 살해죄'를 신설하는 「아동학대범죄의 처벌 등에 관한 특례법」 개정안을 의결하였습니다. 이 규정으로 아동학대 살해죄는 사형이나 무기징역 또는 7년 이상 징역에 처할 수 있게 되었고, 이는 일반 살인죄보다 법정형을 중하게 규정한 것입니다.

이러한 변화들로 인해 단순히 해당 범죄를 저지른 자에 대한 처벌을 강화한다거나 하는 근시안적인 방안에서 그치지 않길 바라며, 다시는 같은 비극이 반복되지 않도록 안전한 장치들을 촘촘히 마련하고 이러한 장치들이 원활하게 시행될 수 있기를 바라 봅니다.

A는 13세 X의 아버지인데, X의 담임교사로부터 "X가 학교에서 담배를 피웠다."라는 연락을 받고 화가 나, 한밤중에 거리에서 X의 머리를 손과 우산으로 10회 정도 때렸습니다.

「아동복지법」에 따르면 누구든지 아동의 신체에 손상을 주거나 신체의 건강 및 발달을 해치는 신체적 학대행위를 하여서는 안 됩니다. 따라서 부모의 자녀체벌도 아동복지법에서 금지하는 신체 학대 행위가 될 수 있지요.

아동복지법

제17조(금지행위) 누구든지 다음 각 호의 어느 하나에 해당하는 행위를 하여서는 아니 된다.
3. 아동의 신체에 손상을 주거나 신체의 건강 및 발달을 해치는 신체적 학대행위

이 사건에서 법원은 A가 담배를 피운 X에 대한 훈육을 하려면 맑은 정신으로 적절한 시간과 장소에서 교육적인 말과 행동을 통하여

하여야 함에도 야간에 노상에서 술을 마시다가 갑자기 무차별적으로 피해 아동을 폭행한 것으로, 이는 매우 부적절한 훈육방법인 점, 이러한 부적절한 훈육과 학대행위는 피해 아동에게 돌이킬 수 없는 정신적 상처를 줄 수 있고, 신체적·정신적 성장에 큰 악영향을 미칠 수 있는 점 등에 비추어 죄질이 매우 불량하다고 보았습니다.

더욱이 A에게는 폭행과 상해 전과가 다수 있어 폭력범죄 성향이 있었고, X에 대한 아동복지법위반 전과도 있었습니다. 그럼에도 불구하고 X가 아버지인 A의 처벌을 원하지 않는 점 등이 참작되어, A에게는 징역형의 집행유예가 선고되었습니다.

이 사건과 같이 가정 내 범죄이고, 경제권을 가지고 있는 아버지가 피고인인 경우 피고인이 구속되어 버리면 피해자인 가족의 생계가 위태로워지는 문제가 있습니다. 따라서 이런 경우 피해자는 자의적이든 타의적이든 가해자에 대하여 처벌을 원하지 않는다는 의사를 전달하는 경우가 많습니다.

이런 경우 가해자가 가정으로 복귀하게 되고, 피해자의 분리가 되지 않은 채 생활을 하면서 같은 범행이 반복될 수 있다는 심각한 문제가 있지요. 제도적으로도 많은 부분 개선되어야 하겠지만 어려운 문제가 아닐 수 없습니다.

A는 □□초등학교 2학년에 재학 중인 X, Y, Z의 담임교사였습니다.

A는 수업시간 중 교실에서 X가 몸이 안 좋아서 보건실에 가고 싶다고 하였으나 아무런 이유 없이 X에게 꾀병이라고 말하면서 보건실에 보내지 않았습니다.

또한 A는 Y가 화장실에 가겠다고 하였음에도 아무런 이유 없이 화장실에 가지 못하게 하여 Y가 옷에 대변을 보게 하였고, 이후 Y가 울자 A는 두루마리 휴지를 뜯어 Y의 얼굴에 던지기도 하였습니다.

그리고 A는 Z가 수업교재가 아닌 책을 보고 있자, 책을 사물함 방향으로 집어 던지고 손으로 Z의 등을 때렸습니다.

A는 자신이 한 행동은 정당한 훈육 범위 내의 행위이기 때문에 신체적·정서적 학대행위에 해당하지 않는다며 무죄를 주장하였습니다.

아동복지법

제17조(금지행위) 누구든지 다음 각 호의 어느 하나에 해당하는 행위를 하여서는 아니 된다.

5. 아동의 정신건강 및 발달에 해를 끼치는 정서적 학대행위

아동복지법 제17조 제5호에서 금지하는 '아동의 정신건강 및 발달에 해를 끼치는 정서적 학대행위'란 현실적으로 아동의 정신건강과

정상적인 발달을 저해한 경우뿐만 아니라 그러한 결과를 초래할 위험 또는 가능성이 발생한 경우도 포함되며, 반드시 아동에 대한 정서적 학대의 목적이나 의도가 있어야만 인정되는 것은 아니고 자기의 행위로 아동의 정신건강 및 발달을 저해하는 결과가 발생할 위험 또는 가능성이 있음을 미필적으로 인식하면 충분하다(대법원 2015도 13488 판결 참조).

정당한 훈육이었다는 A의 주장에 대해 법원은, 초등학교 담임교사가 신체의 이상 증상을 호소하는 아동을 화장실이나 보건실에 가지 못하게 하는 행위 등은 일반적·객관적으로 볼 때 아동의 정신건강과 그 정상적인 발달을 저해하거나 적어도 그러한 결과를 초대할 가능성이 있는 행위임이 명백하고, 이는 정당한 훈육의 범위를 넘어 아동복지법 제17조 제5호에서 금지하는 '아동의 정신건강 및 발달에 해를 끼치는 정서적 학대행위'에 해당한다고 판단하였습니다.

A는 초등학교 교사이자 아동학대범죄의 신고의무자로서 피해아동들을 올바르게 지도하고 보호하여야 할 의무가 있음에도 그 본분을 망각한 채 이 사건과 같이 피해아동들을 정서적으로 학대함으로써 피해아동들의 정신건강 및 발달에 상당한 악영향을 미치고, 피해아동의 부모들에게도 적지 않은 정신적 충격과 고통을 안겨 주는 행

위를 하였습니다. 그럼에도 불구하고 A는 억울함을 호소하면서 무죄를 주장하여 자신의 형사책임을 모면하는 데 급급해하는 태도를 보이며, 피해아동과 그 부모들이 입은 마음의 상처를 치유하기 위한 어떠한 노력도 하지 않았습니다.

법원은 A의 이러한 행동들에 대해 지적하면서, 다만 A가 피해아동들에게 고통을 주기 위하여 악의적으로 범행을 저질렀다고 보이지는 않는다며, A에게 당장의 실형을 선고하기보다는 사회봉사를 통한 속죄의 기회를 주는 것이 옳을 것으로 보인다고 하였습니다. 결국 법원은 A에게 징역형의 집행유예를 선고하였습니다.

한편 이 사건에서는 X의 어머니가 X의 가방에 녹음기를 숨겨 두고 A가 수업시간에 학생들과 대화하는 내용을 비밀녹음을 한 것으로서 통신비밀보호법 제14조, 제4조에 의하여 증거능력이 없는 것은 아닌지 여부가 쟁점으로 다루어지기도 하였습니다.

통신비밀보호법

제14조(타인의 대화비밀 침해금지) ① 누구든지 공개되지 아니한 타인간의 대화를 녹음하거나 전자장치 또는 기계적 수단을 이용하여 청취할 수 없다.

② 제4조 내지 제8조, 제9조 제1항 전단 및 제3항, 제9조의2, 제11

조 제1항·제3항·제4항 및 제12조의 규정은 제1항의 규정에 의한 녹음 또는 청취에 관하여 이를 적용한다.

제4조(불법검열에 의한 우편물의 내용과 불법감청에 의한 전기통신 내용의 증거사용 금지) 제3조의 규정에 위반하여, 불법검열에 의하여 취득한 우편물이나 그 내용 및 불법감청에 의하여 지득 또는 채록된 전기통신의 내용은 재판 또는 징계절차에서 증거로 사용할 수 없다.

이에 대해 법원은 위 녹음파일은 피해아동의 어머니가 피해아동으로부터 A의 학대행위 사실을 전해 듣고 그 진위여부를 확인하기 위하여 피해아동의 가방에 녹음기를 넣어 두는 방법으로 담임교사인 A와 학생들 사이의 대화내용을 녹음한 것으로서, 국민생활에 필요한 기초적인 교육을 목적으로 하는 초등교육의 공공성을 감안할 때, 공개된 장소인 초등학교 교실에서 정규 수업시간 중 담임교사와 다수의 학생들 사이에 이루어진 대화를 '공개되지 아니한 타인 간의 대화'라고 할 수는 없으므로, 위 녹음파일에 대하여 통신비밀보호법 제14조, 제4조가 적용된다고 할 수 없다고 하며 해당 녹음파일은 증거로서 효력이 있다고 판단하였습니다.

A는 ◇◇어린이집을 운영하는 원장이고, Z는 해당 어린이집에서 보육교사로 근무하는 사람이었습니다.

Z는 어린이집에서 5세 피해아동 X가 말을 듣지 않는다는 이유로 손바닥으로 X의 상체를 3회 때려 폭행하고, 밀폐되어 있는 공간인 놀이집으로 X를 강제로 밀어넣는 등 아동의 신체건강 및 정신건강, 발달을 해치는 신체적·정서적 학대행위를 하였습니다.

A는 자신이 운영하는 어린이집에서 보육교사인 Z가 위와 같은 학대행위를 한 것으로 재판을 받게 되었습니다.

이 사건에서 어린이집 원장은 해당 어린이집의 보육교사가 학대를 하는 경우, 직접 학대행위를 하지 않은 경우라 하더라도 원칙적으로 아동복지법상 처벌을 받습니다. 어린이집 원장과 같은 대표자는 소속 교사 등이 아동을 학대행위를 하지 않도록 관리·감독하는 책임을 지기 때문입니다. 그렇기 때문에 자신의 책임을 다하여 해당 업무에 관하여 상당한 주의와 감독을 게을리하지 않은 경우는 처벌하지 않기도 합니다.

아동복지법

제17조(금지행위) 누구든지 다음 각 호의 어느 하나에 해당하는 행

위를 하여서는 아니 된다.

3. 아동의 신체에 손상을 주거나 신체의 건강 및 발달을 해치는 신체적 학대행위

5. 아동의 정신건강 및 발달에 해를 끼치는 정서적 학대행위

제71조(벌칙) ① 제17조를 위반한 자는 다음 각 호의 구분에 따라 처벌한다.

2. 제3호부터 제8호까지의 규정에 해당하는 행위를 한 자는 5년 이하의 징역 또는 5천만 원 이하의 벌금에 처한다.

제74조(양벌규정) 법인의 대표자나 법인 또는 개인의 대리인, 사용인, 그 밖의 종업원이 그 법인 또는 개인의 업무에 관하여 제71조의 위반행위를 하면 그 행위자를 벌하는 외에 그 법인 또는 개인에게도 해당 조문의 벌금형을 과한다. 다만, 법인 또는 개인이 그 위반행위를 방지하기 위하여 해당 업무에 관하여 상당한 주의와 감독을 게을리하지 아니한 경우에는 그러하지 아니하다.

아동복지법 제74조는 "법인의 대표자나 법인 또는 개인의 대리인, 사용인, 그 밖의 종업원이 그 법인 또는 개인의 업무에 관하여 제71조의 위반행위를 하면 그 행위자를 벌하는 외에 그 법인 또는 개인에게도 해당 조문의 벌금형을 과한다. 다만, 법인 또는 개인이 그 위반행

위를 방지하기 위하여 해당 업무에 관하여 상당한 주의와 감독을 게을리하지 아니한 경우에는 그러하지 아니하다."라고 규정하고 있다. 이러한 '양벌규정'에 있어서 법인이나 사용인 등이 상당한 주의 또는 관리감독 의무를 게을리하였는지 여부는 당해 위반행위와 관련된 모든 사정 즉, 당해 법률의 입법 취지, 처벌조항 위반으로 예상되는 법익 침해의 정도, 그 위반행위에 관하여 양벌조항을 마련한 취지 등은 물론 위반행위의 구체적인 모습과 그로 인하여 실제 야기된 피해 또는 결과의 정도, 법인의 영업 규모 및 행위자에 대한 감독가능성 또는 구체적인 지휘감독관계, 법인이 위반행위 방지를 위하여 실제 행한 조치 등을 전체적으로 종합하여 판단하여야 한다(대법원 2015도6781 판결 등 참조).

이 사건에서 A는 법정의무교육뿐 아니라 정기적으로 보육교사들을 상대로 아동학대 예방교육을 실시하였고, 매월 두 차례 교사회의 시간에 아동학대와 관련된 논의와 토론을 하는 등 평소 보육교사들에게 아동학대 예방을 강조해 오고 있었습니다. 또한 A는 보육교사 채용 시 성범죄 및 아동학대범죄 경력을 조회하고, 지원자 면접을 통하여 지원자의 이전 근무경력 및 퇴사동기, 인성 등을 확인하는 절차를 거치기도 하였습니다.

또한 A는 이 사건 어린이집에 CCTV를 설치하여 간접적으로 보육교사들을 감시하고 아동교육에 소홀함이 없도록 하였습니다. 비록 A가 CCTV를 상시 모니터링하면서 보육교사들을 감독하였던 것은 아니었으나, A가 매시간 CCTV를 감시하거나 녹화된 영상 전부를 확인하는 것은 현실적으로 기대하기 어려운 것이었습니다.

한편 Z의 학대행위는 장기간에 걸쳐 반복적, 계속적으로 이루어진 행위가 아니고 아동들을 보육하는 과정에서 단기간에 순간적으로 이루어진 일들이어서 A가 이를 발견하기는 쉽지 않은 사정이 있었습니다.

법원은 위와 같은 정황들을 모두 살펴보았을 때 A는 보육교사의 주의감독의무를 소홀히 하였다고 보기 어렵다고 판단하여, A에게 무죄를 선고하였습니다.

A는 생후 100일 정도 된 X의 어머니로서, X가 시끄럽게 운다는 이유로 손수 건을 말아 X의 입 속에 넣은 후 방치하여 X를 사망하게 하였다는 혐의로 재판을 받게 되었습니다.

「아동학대 범죄의 처벌 등에 관한 특례법」에 따르면 아동학대범죄로 인해 아동을 사망하게 한 때에는 아동학대치사죄가 적용되어 무기 또는 5년 이상의 징역형에 처하도록 하고 있습니다.

아동학대범죄의 처벌 등에 관한 특례법

제4조(아동학대치사) 제2조 제4호 가목부터 다목까지의 아동학대범죄를 범한 사람이 아동을 사망에 이르게 한 때에는 무기 또는 5년 이상의 징역에 처한다.

제2조(정의) 이 법에서 사용하는 용어의 뜻은 다음과 같다.

4. "아동학대범죄"란 보호자에 의한 아동학대로서 다음 각 목의 어느 하나에 해당하는 죄를 말한다.

나. 「형법」 제2편제28장 유기와 학대의 죄 중 제271조(유기) 제1항,

제272조(영아유기), 제273조(학대) 제1항, 제274조(아동혹사) 및 제 275조(유기등 치사상)(상해에 이르게 한 때에만 해당한다)의 죄

이 사건에서 A는 X의 침을 닦아 주고 잠이 드는 과정에서 실수로 손수건을 X의 입 안에 남겨 두었을 가능성이 있기 때문에, 자신이 손수건을 X의 입 안에 넣는 행위가 형법에서 규정한 학대행위에 해당한다고 보기 어렵다는 주장을 하였습니다.

형법 제273조 제1항에서 말하는 '학대'라 함은 육체적으로 고통을 주거나 정신적으로 차별대우를 하는 행위를 가리키고, 이러한 학대 행위는 형법의 규정체제상 학대와 유기의 죄가 같은 장에 위치하고 있는 점 등에 비추어 단순히 상대방의 인격에 대한 반인륜적 침해만으로는 부족하고 적어도 유기에 준할 정도에 이르러야 한다(대법원 2000도223 판결 참조).

법원은 학대행위가 아니라는 A의 주장에 대해, 이 사건 당시 X는 생후 100일이 채 되지 않았는데, A는 X가 시끄럽게 운다는 이유로 손수건을 X의 입에 넣어 두었던 점, X가 당시 손수건을 입 안으로 넣어 닦아 주어야 할 정도로 침을 흘렸던 것으로 보이지 않는 점, 이 사건

당일 X의 아버지가 외출하였다가 귀가하였을 당시 X의 입에 손수건이 물려 있었고, A는 그 옆에서 잠을 자고 있었던 점, A는 평소에도 X가 시끄럽게 운다는 이유로 여러 차례 손수건을 X의 입에 집어넣었던 점 등 여러 사정에 비추어 보면, X가 시끄럽게 운다는 이유로 A가 손수건을 X의 입속에 집어넣는 행위는 X에게 육체적으로 고통을 주는 행위로서 형법 제273조 제1항에서 말하는 '학대'에 해당하고, A에게 X에 대한 학대의 고의가 있었다고 봄이 타당하다고 판단하였습니다.

법원은 A가 X의 친모로서 그 누구보다도 X가 안전하고 행복하게 자랄 수 있도록 보호할 의무가 있음에도 단순히 울음을 그치게 하기 위하여 X의 입 속에 손수건을 집어넣은 후, 이를 그대로 방치한 점, 그로 인해 태어난 지 불과 100일이 채 되지 않은 X가 사망에 이르러 돌이킬 수 없는 결과가 발생하였고, 그 과정에서 X가 겪었을 고통도 매우 컸을 것으로 보이는 점, A가 납득하기 어려운 변명으로 범행을 부인하면서 자신의 잘못을 전혀 반성하지 않고 있는 것으로 보이는 점을 지적하면서도, 한편 A가 형사 처벌을 받은 전력이 전혀 없고, 의도적이고 지속적으로 X를 학대하여 온 정황은 보이지 않는다고 판단하였습니다.

결국 법원은 A에게 징역 7년의 실형을 선고하였습니다.

A는 생후 4개월인 X의 친아버지로서, X가 출생하여 3회 필수 예방접종을 한 이후 X가 사망한 날까지 돈이 없다는 이후로 영유아인 X에게 필수 예방접종을 하지 않고 방임하였습니다.

그리고 A는 2019년 10월경부터 2019년 12월경까지 총 11회에 걸쳐 시끄럽게 운다는 이유로 X를 상습적으로 폭행하였습니다. 또한 A는 2019년 12월경 머리와 뺨을 때리는 등 폭행으로 인해 X가 자가 호흡조차 힘들어하는 증상을 보이면서 울음을 그치지 않자, X의 울음소리 때문에 화가 난다는 이유로 X의 양쪽 머리를 주먹으로 약 10회 강하게 때려 X가 그 자리에서 사망하게 하였습니다.

이 사건에서 A가 X에게 필수 예방접종을 시키지 않은 부분은 아동복지법위반(아동유기·방임)에 해당하고, 총 11회에 걸쳐 상습적으로 폭행한 부분은 아동복지법위반(상습아동학대), 신체적 학대를 통해 사망에 이르게 한 부분은 아동학대범죄의처벌등에관한특례법위반(아동학대치사)에 해당합니다.

A는 X의 친아버지로서 건강하고 안전하게 X를 양육할 의무와 책임이 있습니다. 그런데 A는 생후 4개월의 X를 유기·방임하였을 뿐만 아니라 학대하고 이로 인해 사망하게 하는 중죄를 저질렀습니다.

이 사건에서 법원은 "오로지 울음으로만 기본적 욕구를 표현할 수밖에 없는 X를 단지 울거나 보챈다는 이유로 수차례에 걸쳐 폭행함으로써 결국 사망에 이르게 하였다. A가 X에게 한 학대의 정도가 중하고 학대행위가 반복적, 상습적으로 이루어졌던 것으로 보이며 이 사건 범행으로 어린 X가 소중한 생명을 잃었는바, 그 피해를 회복할 방법이 없다. A의 죄책이 무겁고 비난가능성이 매우 크다."라고 지적하였습니다.

한편, A는 자신의 잘못을 인정하면서 반성하고 있고, 이 사건 이전에는 아무런 처벌 전력이 없는 점, A가 계획적인 학대 의도가 있었다고 보이지는 아니하는 점, A에게는 양육하여야 할 어린 딸이 있고, A의 처 등 가족들이 A에 대한 선처를 탄원하고 있는 점 등을 이유로 징역 7년의 형을 선고받았습니다.

아동복지법위반(아동에대한음행강요 · 매개 · 성희롱등) / 벌금형

A는 저녁 9시경 길가에서 친구들과 함께 있는 13세 여학생 X를 발견하였습니다. 그리고 A는 X를 불러 세운 뒤 다가가 "너 예쁘게 생겼다. 나랑 조건만남 할래? 돈 많이 줄게!"라고 말하였습니다.

「아동복지법」에 따르면 아동에게 성적 수치심을 주는 성희롱 등 성적 학대행위를 하여서는 안 되고, 만약 이를 어길 시에는 10년 이하의 징역 또는 1억 원 이하의 벌금에 처하도록 하고 있습니다.

> 아동복지법
>
> 제17조(금지행위) 누구든지 다음 각 호의 어느 하나에 해당하는 행위를 하여서는 아니 된다.
>
> 2. 아동에게 음란한 행위를 시키거나 이를 매개하는 행위 또는 아동에게 성적 수치심을 주는 성희롱 등의 성적 학대행위
>
> 제71조(벌칙) ① 제17조를 위반한 자는 다음 각 호의 구분에 따라 처벌한다.
>
> 1의2. 제2호에 해당하는 행위를 한 자는 10년 이하의 징역 또는 1억

원 이하의 벌금에 처한다.

A는 자신이 X에게 그러한 말과 행동을 한 사실은 인정하면서, 이는 성적 학대행위에 해당하지 않는다고 주장하였습니다.

아동복지법 제1조는 "이 법은 아동이 건강하게 출생하여 행복하고 안전하게 자랄 수 있도록 아동의 복지를 보장하는 것을 목적으로 한다."라고 규정하고 있고, 제2조는 "아동은 완전하고 조화로운 인격발달을 위하여 안정된 가정환경에서 행복하게 자라나야 한다(제2항). 아동에 관한 모든 활동에 있어서 아동의 이익이 최우선적으로 고려되어야 한다(제3항)."라고 규정하고 있다. 그리고 제3조 제7호에서는 아동학대를 "보호자를 포함한 성인이 아동의 건강 또는 복지를 해치거나 정상적 발달을 저해할 수 있는 신체적·정신적·성적 폭력이나 가혹행위를 하는 것과 아동의 보호자가 아동을 유기하거나 방임하는 것"이라고 정의하면서, 제17조 제2호에서 "누구든지 아동에게 음란한 행위를 시키거나 이를 매개하는 행위 또는 아동에게 성적 수치심을 주는 성희롱 등의 성적 학대행위를 하여서는 아니 된다."라고 하고 있다.

아동복지법의 입법목적과 기본이념 등을 종합하면, 아동복지법상

금지되는 '성적 학대행위'는 아동에게 성적 수치심을 주는 성희롱 등의 행위로서 아동의 건강·복지를 해치거나 정상적 발달을 저해할 수 있는 성적 폭력 또는 가혹행위를 의미하고, 이는 '음란한 행위를 시키는 행위'와는 별개의 행위로서, 성폭행의 정도에 이르지 아니한 성적 행위도 그것이 성적 도의관념에 어긋나고 아동의 건전한 성적 가치관의 형성 등 완전하고 조화로운 인격발달을 현저하게 저해할 우려가 있는 행위이면 이에 포함된다(대법원 2017도3448 판결 참조).

법원은 "A의 언행은 아동인 X에게 성적 수치심을 주는 성희롱으로 아동의 건강·복지를 해치거나 정상적 발달을 저해할 수 있는 것이자 아동의 건전한 성적 가치관의 형성 등 완전하고 조화로운 인격 발달을 현저하게 저해할 우려가 있는 행위라고 봄이 타당하다."라며 A에게 벌금형을 선고하였습니다.

최근 입양아에 대한 아동학대치사 사건에 대해 살인죄를 적용하지 않는다는 사회적 공분이 있었습니다. 이에 해당 사건은 공소장 변경을 통해 살인죄 성립 여부를 함께 검토하고 있는 것으로 알려졌습니다. 그렇다면 이러한 논란은 왜 일어나게 된 것일까요.

형법은 고의 없이 저지른 행위에 대해서는 원칙적으로 처벌하지 않습니다. 여기서 말하는 고의란 범죄 구성요건의 실현을 목표로 하는 의사입니다.

형법

제13조(범의) 죄의 성립요소인 사실을 인식하지 못한 행위는 벌하지 아니한다. 단 법률에 특별한 규정이 있는 경우에는 예외로 한다.

다시 말해, 고의가 없이 실수로 일으킨 잘못에 대해서는 특별히 과실범을 처벌하도록 규정하지 않는 한 처벌하지 않는다는 것이지요. 예를 들어 주차를 하기 위해 후진을 하였는데, 사람이 갑자기 뛰어와서 사고가 났다면 원칙적으로 운전자는 피해자를 다치게 할 의사가 없었기 때문에 처벌하지 않는다는 것입니다. 다만 우리는 이와 같은 경우에서도 '과실치상죄'를 특별히 규정하여 실수로(과실) 다치게 한 (치상) 운전자를 처벌하고 있지요.

그렇다면 고의가 있어야 처벌한다는 의미는 무조건 작심하고 저지른 범죄에 대해서만 처벌한다는 의미일까요? 대부분의 범죄에서 가해자는 자신이 고의를 가지고 범죄를 저질렀다는 것을 인정하지 않습니다. 예를 들어 사람을 죽였다고 한다면, 가해자는 피해자를 죽일 생각으로 죽을 때까지 때렸다고 말하는 경우는 매우 드뭅니다. '화가 나서 옆에 있던 둔기로 머리를 한 대 때렸을 뿐인데 죽었다.'라거나 '그냥 혼내 주려고, 좀 다치게 할 의도로 때렸다.'라고 주장을 하지요. 살인죄로 처벌받는 게 두려울 테니까요. 그렇다면 이런 경우 '죽이려고 했어요.'라고 말하지 않는 경우에는 다 살인죄를 적용할 수 없는 것일까요?

군이 판결문을 통해서 접하지 않았더라도, 뉴스나 기사를 통해 '미필적 고의'라는 단어를 들어 보셨을 것 같습니다.

미필적 고의란 자신의 행위로 인하여 어떠한 범죄결과가 발생할 수 있을 것이라는 걸 알고 있으면서도 그러한 결과가 발생하여도 어쩔 수 없다는 마음가짐입니다. 예를 들어 '이렇게 때리면 피해자가 죽을 수도 있겠다.'라는 걸 알면서도, 그대로 실행해서 죽게 만들었다면 살인에 대한 미필적 고의가 인정되어 살인죄를 적용할 수 있다는 것입니다.

범죄구성요건의 주관적 요소로서 미필적 고의라 함은 범죄사실의 발생 가능성을 불확실한 것으로 표상하면서 이를 용인하고 있는 경우를 말하고, 미필적 고의가 있었다고 하려면 범죄사실의 발생 가능성에 대한 인식이 있음은 물론 나아가 범죄사실이 발생할 위험을 용인하는 내심의 의사가 있어야 하며, 그 행위자가 범죄사실이 발생할 가능성을 용인하고 있었는지의 여부는 행위자의 진술에 의존하지 아니하고 외부에 나타난 행위의 형태와 행위의 상황 등 구체적인 사정을 기초로 하여 일반인이라면 당해 범죄사실이 발생할 가능성을 어떻게 평가할 것인가를 고려하면서 행위자의 입장에서 그 심리상태를 추인하여야 한다(대법원 2004도74 판결 참조).

어느 날 A가 X를 칼로 찔렀고, X가 사망하였다고 해 봅시다. A는 ① 실수로 X의 손가락 끝을 칼로 찔렀을 수도 있고, ② X가 너무 미워서 일부러 X의 허벅지를 찔렀을 수도 있고, ③ 화가 난다는 이유로 X

의 복부나 목 등 급소를 찔렀을 수도 있지요. 그런데 X가 죽었다면 A
는 이 세 경우 모두 살인으로 처벌받게 될까요? 아니라는 것이지요.

먼저, ③의 경우 아무리 가해자가 '난 피해자를 죽이려고 한 게 아니
었어요.'라고 주장한다고 해도 상식적으로 복부나 목 등 급소를 칼로
찌른다면 사람이 죽을 수 있다는 걸 충분히 예상할 수 있습니다. 그
렇기 때문에 이 경우에는 A에게 살인죄를 적용하기에 어려움이 없습
니다.

그러나 ① 실수로 손가락 끝이나 ② 다치게 할 마음으로 허벅지를
찌른 경우 피해자에게 피가 나고 다칠 수 있다는 건 예상이 가능하겠
지요. 그러나 그것 때문에 피해자가 죽을 수 있겠다고 예상하기는 쉽
지 않을 것입니다. 결국 ①의 경우 피해자가 죽었다면 실수로 사람을
죽인 것이기 때문에 과실치사죄가 됩니다. 한편 ②의 경우 상해의 의
사로 피해자에게 상해를 가하였는데 그로 인해 피해자가 죽었다면
상해치사죄가 성립합니다.

이렇듯 가해자가 마음먹은 범죄와 그 행위로 인해 발생한 결과에
따라 범죄 혐의는 달라집니다.

그렇다면 문제가 된 아동학대치사사건에 대해 살인죄를 적용해야
하는지 생각해 봅시다. 아동학대치사란 아동을 학대하여 죽음에 이

르게 하였다는 것으로, 처음부터 아동을 죽일 생각은 아니었지만 학대를 해서 그 결과 아동이 죽었다는 의미이고, 살인은 아동을 죽이기 위한 방법으로 단지 신체적 학대를 하였다는 것이지요.

그런데 위에서 설명한 바와 같이 아동을 죽이려고 작심한 경우에만 살인죄가 적용되는 것은 아니고 '이 작은 아이에게 이 정도 신체적으로 학대를 하면 아이가 죽을 수도 있겠지. 뭐 죽어도 상관없어 난 화가 나니까 더 때릴 거야.'라고 생각하고 계속 학대를 하였다면, 살인의 미필적 고의를 인정할 수 있는 것이지요.

그렇기 때문에 학대를 한 신체부위 및 강도 등에 따라 피고인에게 살인죄가 성립할지 여부가 판명될 것입니다.[8] 부디 현재 진행 중인 재판을 통해 진실이 밝혀지고 피고인에게 적절한 처분이 내려지길 바라 봅니다.

---

8 문제가 된 사건으로 아동학대범죄처벌특례법이 개정되어 '아동학대 살해죄'가 신설되었습니다. 따라서 이후에 유사한 범죄가 발생하는 경우 살인의 고의가 인정된다면 단순 살인죄가 아니라 신설된 아동학대 살해죄가 적용되어 그 성립여부가 다퉈지게 될 것입니다.

협박

    협박이란 해악을 고지함으로써 개인의 의사결정의 자유를 침해하는 것입니다. 그렇기 때문에 피해자에게 단순히 겁을 주는 경우는 물론 피해자가 어떠한 행동을 하지 못하도록 하는 경우 혹은 어떠한 행동을 하도록 강제하는 경우 모두, 협박은 폭행과 함께 그 수단으로 사용되곤 합니다.

    따라서 단순히 협박죄는 물론, 협박으로 피해자를 두렵게 만들어 돈을 뜯어내는 경우에는 공갈죄, 협박으로 의무 없는 일을 하게 하는 경우에는 강요죄, 협박으로 저항하지 못하게 하여 간음하는 경우에는 강간죄가 성립하기도 합니다. 이렇듯 협박은 범죄에서 가장 자주 쓰이는 수단 중의 하나입니다.

    한편 협박죄는 해악을 고지하여 피해자가 겁을 먹는 결과까지 요구하는 범죄가 아닙니다. 예전에는 해악을 고지하였음에도 불구하고 피해자가 겁을 먹지 않았다면 협박죄의 미수로 처벌을 하였습니다. 그러나 대법원은 전원합의체 판결을 통해 일반적인 사람이 겁을 먹을 만한 해악을 고지하여 그것이 피해자에게 전달되기만 하면 범죄가 완성되어 기수가 되는 것으로 기존 판례를 변경하였습니다.

협박죄가 성립하려면 고지된 해악의 내용이 행위자와 상대방의 성향, 고지 당시의 주변 상황, 행위자와 상대방 사이의 친숙의 정도 및 지위 등의 상호관계, 제삼자에 의한 해악을 고지한 경우에는 그에 포함되거나 암시된 제삼자와 행위자 사이의 관계 등 행위 전후의 여러 사정을 종합하여 볼 때에 일반적으로 사람으로 하여금 공포심을 일으키기에 충분한 것이어야 하지만, 상대방이 그에 의하여 현실적으로 공포심을 일으킬 것까지 요구하는 것은 아니며, 그와 같은 정도의 해악을 고지함으로써 상대방이 그 의미를 인식한 이상, 상대방이 현실적으로 공포심을 일으켰는지 여부와 관계없이 그로써 구성요건은 충족되어 협박죄의 기수에 이르는 것으로 해석하여야 한다(대법원 2007도606 전원합의체 판결 참조).

그러므로 협박죄에서 '내가 그런 말을 한 사실은 맞지만, 상대방은 하나도 겁 안 먹었다!'라는 주장은 협박죄 성립에서 아무런 의미가 없는 주장일 뿐입니다. 그럼에도 대부분의 피의자들은 자신이 잘못한 게 없다는 의미로 상대방이 겁을 먹지 않았다는 주장을 정말 많이 합니다.

따라서 이러한 주장이 협박죄의 성립에 아무런 영향을 미치지 않는다는 점도 함께 알아 두는 것이 중요하겠습니다.

X의 딸이 A의 아들을 경찰에 신고하자, 격분한 A는 X에게 전화를 걸어 "우리 아들 털끝 하나라도 건드려 봐라. 당신 딸이 인터넷에 우리 아들 명예훼손한 글 올린 거 캡쳐해서 주변에 다 알리겠다."라는 이야기를 하였습니다.

이 사건에서 A는 통화 도중 순간적으로 감정이 격해져 하게 된 발언이었을 뿐 X에게 해악의 고지를 할 의도가 전혀 없었다고 주장하였습니다. 그러면서 A는 X 역시 자신의 딸이 A의 아들을 명예훼손하는 내용의 글을 쓴 사실이 없다는 걸 잘 알고 있었기 때문에 자신이 하는 말을 그냥 화가 나서 하는 소리라고 인식했을 것이라고 하였습니다.

그러나 대법원은 협박죄가 성립하기 위해서는 고지된 해악이 발생 가능한 것으로 생각될 수 있는 정도로 구체적이면 족하고 해악이 현실적으로 발생할 가능성이 있어야만 하는 것은 아니라고 판시하고 있습니다.

협박죄가 성립하려면 고지된 해악의 내용이 행위자와 상대방의 성향, 고지 당시의 주변 상황, 행위자와 상대방 사이의 친숙의 정도 및 지위 등의 상호관계, 제삼자에 의한 해악을 고지한 경우에는 그에 포함되거나 암시된 제삼자와 행위자 사이의 관계 등 행위 전후의 여러 사정을 종합하여 볼 때에 일반적으로 사람으로 하여금 공포심을 일으키기에 충분한 것이어야 하지만, 상대방이 그에 의하여 현실적으로 공포심을 일으킬 것까지 요구하는 것은 아니며 그와 같은 정도의 해악을 고지함으로써 상대방이 그 의미를 인식한 이상 상대방이 현실적으로 공포심을 일으켰는지 여부와 관계없이 그로써 구성요건은 충족되어 협박죄의 기수에 이르는 것으로 해석하여야 한다(대법원 2007도606 전원합의체 판결 참조).

한편, 행위자의 언동이 단순한 감정적인 욕설 내지 일시적 분노의 표시에 불과하여 주위 사정에 비추어 가해의 의사가 없음이 객관적으로 명백한 때에는 협박행위 내지 협박의 의사를 인정할 수 없다 할 것이나 위와 같은 의미의 협박행위 내지 협박의사가 있었는지 여부는 행위의 외형뿐만 아니라 그러한 행위에 이르게 된 경위, 피해자와의 관계 등 주위상황을 종합적으로 고려하여 판단해야 할 것이다(대법원 2006도546 판결 참조).

결국 법원은 "실제로 X의 딸이 인터넷에 A의 아들에 관한 악의적인 글을 게재하지 않았더라도 이에 대해 A는 정확히 알 수 없기 때문에 A가 말한 대로 해악발생이 가능하다고 생각하였을 여지가 있다."

라며 A에게 벌금형을 선고하였습니다.

문자메시지 공포심 불안감 유발 / 벌금형

A는 자신의 주거지 인근에 있는 주식회사에서 소음이 발생한다는 이유로 회사 대표인 X에게 "내 친구가 검찰청 부장입니다.", "모든 것을 동원해서 검찰청, 세무서 다 감찰하도록 하겠습니다.", "세무조사까지 갑니다. 세무조사하면 그 회사 망합니다.", "민사소송 피해액 5억 원 소송합니다."라는 등의 내용으로 문자메시지를 총35회에 걸쳐 보냈습니다.

「정보통신망 이용촉진 및 정보보호 등에 관한 법률」은 공포심이나 불안감을 유발하는 문자를 반복적으로 전송하는 경우 1년 이하의 징역 또는 1,000만 원 이하의 벌금에 처한다고 규정하고 있습니다.

정보통신망 이용촉진 및 정보보호 등에 관한 법률

제44조의7(불법정보의 유통금지 등) ① 누구든지 정보통신망을 통하여 다음 각 호의 어느 하나에 해당하는 정보를 유통하여서는 아니 된다.

3. 공포심이나 불안감을 유발하는 부호·문언·음향·화상 또는 영상을 반복적으로 상대방에게 도달하도록 하는 내용의 정보

제74조(벌칙) ① 다음 각 호의 어느 하나에 해당하는 자는 1년 이하의 징역 또는 1천만 원 이하의 벌금에 처한다.

3. 제44조의7 제1항 제3호를 위반하여 공포심이나 불안감을 유발하

는 부호·문언·음향·화상 또는 영상을 반복적으로 상대방에게 도

달하게 한 자

따라서 이러한 경우 문자메시지를 얼마나 반복적으로 많이 보냈는

지가 중요합니다. 또한 그러한 문자메시지를 심야시간에 보낸 것인

지 낮에 보낸 것인지 여부도 그 내용 못지않게 중요하지요.

법원은 이 사건 문자메시지의 발송 시간이나 내용에 비추어 죄질

이 가볍지 않다고 보면서, 피해자로부터 용서받지 못한 사정을 들어

A에게 벌금형을 선고하였습니다.

한편 형법은 제283조 제3항에서 "협박죄는 피해자의 명시한 의사

에 반하여 공소를 제기할 수 없다."라고 규정하고 있고, 정보통신망

이용촉진 및 정보보호 등에 관한 법률 제74조 제2항은 '제74조 제1항

제3호의 죄는 피해자가 구체적으로 밝힌 의사에 반하여 공소를 제기

할 수 없다.'라고 규정하고 있습니다. 즉 협박죄와 정보통신망법 제

74조 제1항 제3호에서 정한 제44조의7 제1항 제3호를 위반한 죄는

모두 반의사불벌죄에 해당하는 것이지요.

따라서 이 사건 역시 반의사불벌죄에 해당하기 때문에 피해자의

처벌불원서가 제1심 판결 선고 전까지 제출되는 경우 공소를 기각하는 판결을 받을 수 있었을 것입니다.

부재중전화 정보통신망법위반 / 무죄

A는 2020년 6월 10일경부터 2020년 7월 21일경까지 피해자 X에게 총 24회에 걸쳐 전화를 걸어 통화를 시도하였습니다.

X는 A가 자신에게 계속해서 전화를 거는 것이 괴롭다며 정보통신망법위반혐의로 A를 고소하였습니다.

그러나 법원은 "A가 X에게 전화통화를 시도한 행위 자체는 정보통신망법 제74조 제1항 제3호가 정한 음향을 도달하게 한 행위에 해당하지 않는다."라며 무죄를 선고하였습니다.

정보통신망이용촉진및정보보호등에관한법률 제65조 제1항 제3호[9]는, 정보통신망을 통하여 공포심이나 불안감을 유발하는 말, 음향, 글, 화상 또는 영상을 반복적으로 상대방에게 도달하게 한 자를 형사 처벌하도록 규정하고 있는바, 여기의 '정보통신망'을 이 사건에서 문제된 전화기의 벨소리와 관련하여 풀이하면, 전기통신설비를 이용하여 음향을 송신 또는 수신하는 정보통신체계를 의미하는 것이라 할 수 있으므로, 위 조항의 '정보통신망을 통하여 공포심이나 불안감을 유발하는

---

9   현재 제44조의7 제1항 제3호.

음향을 반복적으로 상대방에게 도달하게 한다는 것'은 상대방에게 전화를 걸어 반복적으로 음향을 보냄으로써 이를 받는 상대방으로 하여금 공포심이나 불안감을 유발케 하는 것으로 해석된다. 따라서 상대방에게 전화를 걸 때 상대방 전화기에서 울리는 '전화기의 벨소리'는 정보통신망을 통하여 상대방에게 송신된 음향이 아니므로, 반복된 전화기의 벨소리로 상대방에게 공포심이나 불안감을 유발케 하더라도 이는 법 제65조 제1항 제3호 위반이 될 수 없다 할 것이다. 원심이 그 이유설시에 있어 부적절한 부분이 있으나, 상대방에게 전화를 걸 때 상대방 전화기에서 울리는 '벨소리'는 위 법조 소정의 '음향'에 해당하지 아니한다고 보아 피고인에게 무죄를 선고한 조치는 정당하고, 거기에 판결 결과에 영향을 미친 법리오해의 위법이 있다고 할 수 없다. 상고이유의 주장은 받아들일 수 없다(대법원 2004도7615 판결 참조).

부재중전화가 와 있는 것을 확인하는 것이나 계속 문자를 보낸 것을 보는 것이 뭐가 다른지에 대해 의문이 들 수도 있을 것 같습니다. 이에 판례는 두 사안을 전혀 다르게 보고 있다는 점을 설명드리게 되었습니다.

A는 피해자 X의 주거지에 칼을 들고 침입하여 X를 협박하였다는 특수협박죄 등의 혐의가 인정되어, 징역 10월을 선고받고 서울○○구치소에서 10개월의 형을 살았습니다.

이후 A는 출소한 당일 오후 X 때문에 자신이 징역형을 선고받아 출소한 것에 앙심을 품고 X에게 "잘 있었냐? 나 출소했다. 널 죽이러 가겠다."라고 말을 하는 등, 3일 연속 X에게 전화를 걸어 협박을 하였습니다.

범죄의 피해자가 추후 가해자로부터 보복을 당할 위험이 있어 두려워하게 된다면 피해를 당하고도 신고를 하지 못하는 상황이 발생하겠지요. 그런 위험을 줄이고자 「특정범죄 가중처벌 등에 관한 법률」은 범죄자가 자신을 고소한 피해자 등에 대한 보복의 목적으로 사람에게 협박을 하는 경우 일반 협박죄에 비해 가중처벌하는 규정을 두고 있습니다.

형법

제283조(협박) ① 사람을 협박한 자는 3년 이하의 징역, 500만 원 이하의 벌금, 구류 또는 과료에 처한다.

제5조의9(보복범죄의 가중처벌 등) ① 자기 또는 타인의 형사 사건의 수사 또는 재판과 관련하여 고소·고발 등 수사단서의 제공, 진술, 증언 또는 자료제출에 대한 보복의 목적으로 살인의 죄를 범한 사람은 사형, 무기 또는 10년 이상의 징역에 처한다. 고소·고발 등 수사단서의 제공, 진술, 증언 또는 자료제출을 하지 못하게 하거나 고소·고발을 취소하게 하거나 거짓으로 진술·증언·자료제출을 하게 할 목적인 경우에도 또한 같다.

② 제1항과 같은 목적으로 상해·폭행·체포, 감금 또는 협박의 죄를 범한 사람은 1년 이상의 유기징역에 처한다.

③ 제2항의 죄 중 「형법」 상해·폭행 또는 체포, 감금의 죄를 범하여 사람을 사망에 이르게 한 경우에는 무기 또는 3년 이상의 징역에 처한다.

④ 자기 또는 타인의 형사 사건의 수사 또는 재판과 관련하여 필요한 사실을 알고 있는 사람 또는 그 친족에게 정당한 사유 없이 면담을 강요하거나 위력을 행사한 사람은 3년 이하의 징역 또는 300만 원 이하의 벌금에 처한다.

A는 자신의 딸이 X에게 돈을 빌려주었었는데 X가 이를 갚지 않고

있다는 사실에 분노하여 전과와 같은 범행을 저지르게 된 것이라는 사정을 설명하며, 구치소에 복역하는 도중 A의 딸이 X를 사기죄로 고소를 하였는데, 그 고소장을 A가 영치물로 가지고 있게 되었고, 이에 출소 당일 고소장에 기재된 X의 연락처로 전화를 하게 된 것일 뿐이라고 주장하였습니다.

다시 말해, 협박한 부분은 인정하고 반성하지만, 자신의 딸이 사기의 피해를 입은 점 때문에 화가 나서 X에게 전화를 한 것이지, 자신을 고소하여 처벌받게 한 점에 대한 보복이 목적은 아니었다는 것이었습니다.

그러나 법원은 "A와 X의 관계, 범행의 내용과 태양, 범행 전후의 정황, 특히 A가 형 집행 중 X의 연락처가 기재된 문서를 영치물로 가지고 있다가 형 집행 종료 당일 바로 위 연락처로 협박전화를 건 점 등을 종합하면, A에게는 보복의 목적이 있었다고 봄이 상당하다."라며 A에게 징역 1년 6개월의 실형을 선고하였습니다.

보복운전(끼어들기) 특수협박 / 벌금형

A는 ◇◇고속도로 □□톨게이트 부근에서 화물차를 운전하여 차선을 변경하던 중 피해자 X가 A를 향하여 경적을 울리고 상향등을 비추자 화가 났습니다. 이에 A는 돌발 상황이 발생하지 않았음에도 X가 운전하는 승용차 앞으로 갑자기 끼어들어 뒤따르던 X로 하여금 사고 발생의 위험을 느끼게 하고, 계속하여 X가 A의 화물차를 피해 차선을 변경하여 주행하자 이를 따라 차선 변경하여 X 운전 승용차의 앞을 가로막으려 하였습니다.

이 사건과 같은 보복운전은 위험한 물건인 차량을 이용하여 피해자를 협박한 것으로, 「형법」에서 규정한 특수협박의 혐의가 적용됩니다.

형법

제284조(특수협박) 단체 또는 다중의 위력을 보이거나 위험한 물건을 휴대하여 전조 제1항, 제2항의 죄를 범한 때에는 7년 이하의 징역 또는 1천만 원 이하의 벌금에 처한다.

제283조(협박, 존속협박) ① 사람을 협박한 자는 3년 이하의 징역, 500만 원 이하의 벌금, 구류 또는 과료에 처한다.

② 자기 또는 배우자의 직계존속에 대하여 제1항의 죄를 범한 때에는 5년 이하의 징역 또는 700만 원 이하의 벌금에 처한다.

③ 제1항 및 제2항의 죄는 피해자의 명시한 의사에 반하여 공소를 제기할 수 없다.

법원은 "A가 방향지시등을 켜지 않고 2차로에서 3차로로 끼어들었고 이에 X가 놀라 경적을 울리자 A가 급제동하였으며, 이후 X가 A를 향해 상향등을 켠 사실, 이후 X가 A 차량을 피하고자 2차로로 진로변경을 하였고, 그러자 A가 X를 따라 밀어붙이듯이 2차로로 진로를 변경한 사실, 당시 A가 주행하던 3차로는 전방이 뻥 뚫려 있었으나 2차로에는 X 차량이 전방에 다른 승합차량이 진행하고 있어 공간이 좁았음에도 A가 무리하게 들어온 사실, 이에 X가 다시 3차로로 진로를 변경하자 A는 재차 차선을 변경하려고 시도한 사실 등이 인정된다."라며, A에게 벌금 300만 원을 선고하였습니다.

① A는 △△터널 부근 고속도로 편도 3차선 도로의 1차로를 따라 진행하다가 2차로로 진로변경을 하던 중, X가 운전하는 승용차가 동시에 3차로에서 2차로로 진로변경을 하자 일명 '칼치기'를 하여 X 승용차를 추월하면서 1차로로 앞서 진행하였습니다. 그러자 X가 자신에게 경적을 울리고 상향등을 비추며 1차로로 뒤따라 붙자 화가 나, 위 X 승용차의 전방에서 진행하던 중 갑자기 속도를 줄여 X를 위협하였습니다.

② B는 고속도로를 운전하여 진행하다가, Y가 운전하는 승용차가 양보를 해주지 않는다는 이유로 화가 났습니다. 이에 자신의 차량으로 Y의 차를 밀어붙이는 방법으로 겁을 주기로 마음먹고, 4차로에서 진행하던 Y가 운전하는 차량을 계속해서 좌측으로 밀어붙여, Y의 차량이 3차로와 4차로 사이에 세워진 안전 표시 삼각콘을 넘어뜨리게 하는 등 위협을 하였습니다.

① 사건에서 A가 차량을 운전하여 편도 3차로의 고속도로 중 1차로를 진행하다가 2차로로 차로를 변경하려 하던 중 고속도로의 3차로를 주행 중이던 X의 차량이 위 2차로 부근으로 차로를 변경하려 시도한 사실, 이에 A의 차량은 X의 차량을 앞질러 차로를 변경하기 위하여 마침 2차로로 차선을 변경하는 중인 X의 차량에 매우 근접한 상태에서 X의 차량을 빠른 속도로 추월하는 방법으로 2차로로 차로를 변경한 사실, A는 2차로로 변경한 직후 다시 1차로로 차선을 변경하였고, X는 A의 위와 같은 차로 변경에 화가 나 A의 차량을 추격하여

1차로로 차로를 변경하였고, A의 차량 바로 뒤에서 경적을 울리고 상향등을 비춘 사실, A는 X가 위와 같이 경적을 울리고 상향등을 비추자 곧 브레이크 페달을 밟아 자신의 차량의 속도를 낮추어 주행한 사실은 인정되었습니다.

그런데 법원은 A가 위와 같은 상황에서 자신의 차량의 속도를 낮추었다는 사실만으로 A에게 위 행위 당시에 협박의 고의가 있었음을 인정하기에는 부족하다고 보았습니다. 그러면서 법원은 오히려 A는 당시 X의 차량이 자신의 차량 뒤에 근접하여 주행하면서 경적을 울리고 상향등을 비추는 행위로 놀라고 당황하여 브레이크 페달을 밟았다는 취지로 진술하고 있다는 점에 주목하였습니다.

블랙박스 영상에 의하면 A는 당시 2~3초간 브레이크 페달을 밟았으나 이로 인하여 속도가 다소 저하되었을 뿐 급브레이크를 밟아 차를 급정거하지는 않았습니다. 또한 A는 브레이크를 밟은 후 곧장 속도를 높여서 주행하였으며 재차 속도를 낮추는 행위를 하지는 않았습니다. 이러한 점으로 보았을 때 A가 X를 협박하려는 의도 없이 단지 X의 행위로 놀라거나 당황한 상태에서 브레이크 페달을 밟는 행위를 하였을 가능성이 있다는 것이었지요.

한편 이 사건에서 검사는 도로를 주행 중인 선행 차량 운전자가 급제동을 하는 방법으로 후행 차량 운전자를 협박하였다는 공소사실을 유죄로 판단한 하급심 판례를 참고자료로 제시하면서 A의 행위가 특수협박에 해당한다고 주장하였습니다. 그러나 법원은 검사가 제시한 하급심 판례들은 피고인인 선행 차량을 운전하면서 급제동을 하여 멈추어 선 경우이거나 스스로 후행 차량의 전방으로 진로를 변경하면서 급제동을 한 경우로서 이 사건 공소사실에 기재된 A의 행위와 동일하게 평가하기는 어렵다고 판단하였습니다.

② 사건은 B가 Y의 차량 앞으로 진입을 시도하였는데, Y가 B 차량의 진입을 허용하지 않고 속도를 내어 차량을 진행하자, B 역시 속도를 내어 차량을 운전한 사실, 이로 인하여 B 차량과 Y 차량이 약 30초가량 근접하여 나란히 진행하게 된 사실은 인정되었습니다.

한편 Y가 운전하던 차로는 고속도로 본선의 편도 4차로 중 4차로였습니다. 그런데 당시 4차로를 주행하던 차량들은 공사 등의 사정으로 인하여 서행 중이었습니다.

B는 위 합류차로로 진행하다가 합류구간의 종점 부분에 이르러 자신의 차량에 선행하던 차량이 고속도로 본선으로 합류하자 그 뒤를 이어 고속도로 본선에서 진행하던 차량 1대를 지나가게 한 후, 좌측 방향 지시등을 켜고 고속도로 본선을 수행 중이던 Y 차량의 앞쪽으로 합류 진입을 시도하였습니다. B 차량 블랙박스 후방 영상에 의하

면 당시 B 차량과 Y 차량의 선행 차량 사이에는 어느 정도 간격도 있었던 것을 확인할 수 있었습니다.

그런데 Y가 B 차량의 진입을 허용하지 않고 오히려 속도를 내어 차량을 운전하였고, B도 마찬가지로 속도를 내어 차량을 운전하여 Y 차량 앞쪽으로 고속도로 본선에 합류하려 하였습니다. 이로 인하여 B 차량과 Y 차량이 약 30초가량 근접하여 나란히 진행하게 되었는데, 그 과정에서 서로 먼저 진행하려는 상대방의 차량 때문에 Y 차량은 진행 차로 좌측으로 붙어 주행하기도 하였고 B 차량은 합류차로가 감소한 이후에도 고속도로 본선에 정상적으로 합류하지 못한 채 고속도로 본선 4차로와 갓길을 물고 주행하였습니다. 이후 Y 차량이 뒤로 물러나고 B 차량이 Y 차량에 앞서 고속도로 본선을 주행하게 되었습니다.

이 사건에서 법원은 B가 Y 차량 진행차로에 진입을 시도하게 된 경위와 방법, 이 사건 발생장소의 도로구조와 사정, 당시 B와 Y의 운전 형태 등에 비추어 보면, B는 합류구간의 종점 부분에 이르러 고속도로 본선으로 합류할 수밖에 없어 교차진입을 시도하는 과정에서 Y와 서로 먼저 진행하려 하다가 이처럼 운전한 것으로 보일 뿐, 양보를 하지 않은 Y에게 불만을 품고 Y를 위협할 의도로 Y 차량을 계속해서 좌측으로 밀어붙인 것으로까지 보이지는 않는다고 판단하였습니다.

결국 위 ①, ② 두 사건에서 법원은 A와 B 모두에게 무죄를 선고하였습니다. 이렇듯 보복운전의 경우 피고인이 그러한 운전을 하게 된 전후 사정 및 주행 중이던 도로의 사정 등을 두루 살펴보아야 할 필요가 있습니다.

폭력행위등처벌에관한법률위반 공동감금 공동공갈 / 혐의없음

A와 B는 서울 □□호텔 ▽▽호로 피해자 X를 불러낸 다음 X가 호텔방 안으로 들어오자 출입문을 걸어 잠그고 X를 둘러싸서 나가지 못하게 하는 방법으로 7시간 동안 감금하고, 협박하여 X가 겁을 먹자 특정 계좌에 3,000만 원을 이체하도록 하였다는 혐의로 수사를 받게 되었습니다.

이 사건에서 A와 B, 그리고 X는 모두 □□호텔 ▽▽호실에 다 함께 있었던 것에 대해 인정을 하였습니다. 하지만 A와 B, 그리고 X는 자신들이 왜 위 호텔에서 만나 함께 있었던 것인지에 대해서 각자 다른 주장을 하고 있었습니다.

A에 따르면 B가 같이 사업을 하였던 X에게 물어볼 게 있어서 호텔로 불렀는데 A도 나와 같이 있어 달라고 했다는 것이었습니다. 그리하여 A가 B를 위해 호텔에 갔는데 그곳에서 만난 X는 B에게 잘못한 일이 많은지 많이 당황한 듯 보였다는 것이었습니다. 그러나 X는 당시에 당황해 보이기는 하였으나, 겁을 먹은 것 같지는 않았고, 호텔방 안 분위기가 강압적이거나 하지는 않았다고 이야기하였습니다.

이러한 A의 주장은 B와 X가 나눈 휴대전화 문자메시지를 통해서도 확인할 수 있었습니다. B는 "X가 얘기를 더 나누자며 자신을 잡는 바람에 이야기가 길어졌다."라고 이야기하였고, X는 B에게 "오늘 내가 너무 두서없이 얘기가 길었지. 미안하다."라는 문자메시지를 보냈던 것이었지요.

한편 당시 X가 왜 3,000만 원의 돈을 계좌로 이체하였는지에 대해서도 서로 설명이 달랐습니다.

B는 동업을 하던 X로부터 받아야 될 돈이 있어서 그날 만나 정리한 것일 뿐이라고 주장하였는데, 실제로 사건 당일 X가 A에게 보낸 문자메시지에는 "B에게 3,000만 원을 보내며 잘 정리하고 마무리하기로 했다."라는 내용이 있었습니다.

결국 검사는 A와 B의 주장을 받아들여 X의 진술 외에는 피의자들의 공동감금, 공동공갈 혐의사실에 대해 입증할 만한 증거가 충분하지 않다는 이유로 A와 B에게 혐의없음(증거불충분) 처분을 내렸습니다.

학교폭력의 경우 가해자가 미성년자인 경우가 대부분이고, 휴대전화를 이용한 범죄의 경우에도 미성년자가 범죄에 휘말리기 쉽습니다. 최근에는 이러한 범죄들이 많이 일어나고 그 죄질 또한 좋지 않은 경우가 많아, 미성년자에 대한 형사 처벌을 강화해야 하는 것이 아니냐는 논의가 있습니다.

「형법」은 만 14세 미만인 자의 행위에 대해서는 형사 처벌하지 않는다고 규정하고 있습니다. 이렇듯 형사 처벌을 받지 않는 14세 미만의 자를 형사미성년자라고 부르는데, 그 기준 연령을 더 낮추어야 한다는 것이 해당 규정에 대한 논의의 주된 쟁점입니다.

형법

제9조(형사미성년자) 14세 되지 아니한 자의 행위는 벌하지 아니한다.

「소년법」은 형사미성년자라 하더라도 소년부 보호사건으로 심리할 수 있다고 하면서, 10세 이상 14세 미만의 소년의 경우도 이에 해당한다고 규정하고 있습니다. 한편 이러한 연령은 범죄의 행위 시의 만

나이를 뜻합니다.

제4조(보호의 대상과 송치 및 통고) ① 다음 각 호의 어느 하나에 해당하는 소년은 소년부의 보호사건으로 심리한다.

1. 죄를 범한 소년[10]

2. 형벌 법령에 저촉되는 행위를 한 10세 이상 14세 미만인 소년

정리하면 가해자의 연령이 만 10세 이상 14세 미만의 경우에는 소년법상 보호사건으로 심리만 가능하고, 만 14세 이상 19세 미만인 경우에는 검사의 선택에 따라 소년법상 보호사건이나, 일반 형사 사건으로 재판을 받을 수 있습니다.

따라서 만 14세 이상 미성년자가 범죄를 저지른 때에 검사가 일반 형사 사건으로 기소를 하는 경우가 있는데, 이러한 때에 피고인 측은 해당 사건을 가정법원의 소년부로 송치해 달라는 요청을 법원에 하는 것이 필요합니다. 형사재판 판결로 인해 전과자가 되는 것을 막기 위함이지요.

---

10 소년법에서 "소년"이란 19세 미만인 자를 말합니다(소년법 제2조).

제50조(법원의 송치) 법원은 소년에 대한 피고사건을 심리한 결과 보호 처분에 해당할 사유가 있다고 인정하면 결정으로써 사건을 관할 소년부에 송치하여야 한다.

그러나 이러한 경우에도 선고 시까지 미성년자여야 하는 제한이 있습니다. 따라서 보호사건으로 처분을 받기 위해서는 만 19세에 달하는 생일 전에 선고를 받을 수 있도록 사건 진행을 빨리하는 것이 중요합니다.

소년법이 적용되는 "소년"이란 19세 미만인 사람을 말하므로, 피고인이 소년법의 적용을 받으려면 심판 시에 19세 미만이어야 한다. 따라서 소년법 제60조 제2항의 적용대상인 "소년"인지의 여부도 심판 시, 즉 사실심판결 선고시를 기준으로 판단되어야 한다(대법원 2000도2704 판결 참조).

한편 미성년자가 범죄를 저지른 경우 소년법상 보호 처분을 받게 하지 말고 성인과 똑같이 형사 처벌을 하여야 한다는 여론도 만만치 않습니다.

보호 처분을 받게 하는 것은 장래 개선의 가능성이 있는 미성년자에 대하여 다시 같은 잘못을 저지르지 않게 개선하도록 하는 데 그 목표가 있습니다. 따라서 소년을 사회로부터 격리하여야 한다는 시급한 필요가 있는 특별한 경우에 한하여 형사 처분을 받도록 하는 것이지요.

통상 소년보호사건의 경우 하나의 처분을 내리지 않고 여러 가지 처분을 동시에 내리고 있습니다. 그리하여 보호소년 당사자는 물론 부모에 대하여 보호관찰소에서 교육을 받도록 할 수도 있는 것이지요. 이는 소년보호사건의 기본적 목적이 소년 개인에게 범죄 책임을 묻는 것이 아니라 적절한 처우를 통해 소년의 문제행동에 대해 다각적으로 개선, 갱생을 시키는 것에 있기 때문입니다.

소년법

제32조(보호 처분의 결정) ① 소년부 판사는 심리 결과 보호 처분을 할 필요가 있다고 인정하면 결정으로써 다음 각 호의 어느 하나에 해당하는 처분을 하여야 한다.

1. 보호자 또는 보호자를 대신하여 소년을 보호할 수 있는 자에게 감호 위탁

2. 수강명령

3. 사회봉사명령

4. 보호관찰관의 단기 보호관찰

5. 보호관찰관의 장기 보호관찰

6. 「아동복지법」에 따른 아동복지시설이나 그 밖의 소년보호시설에 감호 위탁

7. 병원, 요양소 또는 「보호소년 등의 처우에 관한 법률」에 따른 소년 의료보호시설에 위탁

8. 1개월 이내의 소년원 송치

9. 단기 소년원 송치

10. 장기 소년원 송치

미성년자에게 성인과 똑같이 형사 처벌을 한다면, ① 징역형을 선고받아 실형을 사는 경우 다른 범죄자들과 함께 생활하며 더 범죄를 익히고 후일 범행을 공모를 하는 등 나쁜 영향을 받을 수 있으며, ② 징역형의 집행유예를 선고받는 경우에는 실질적으로 자신의 신상에 아무런 변화가 없기 때문에 반성을 하지 않을 가능성이 높고, ③ 벌금형을 선고받는 경우에는 실질적으로 부모가 대신 벌금을 내고 말게 되는 결과가 발생합니다. 따라서 더 나쁜 범죄를 익히게 되거나, 아무런 반성을 하지 않아 또 다시 잘못을 저지르는 악순환이 일어나게

될 가능성이 높습니다.

그렇기 때문에 미성년자 범죄가 늘어난다거나 잔혹한 범죄를 저지르는 경우들이 발생한다고 하여 무조건 강한 처벌을 받게 하는 것이 이를 방지하는 해결책이라고 볼 수는 없습니다. 실제로 많은 경우 소년보호사건으로 보호 처분을 내리는 것이 소년 개인을 넘어 사회 전체에 대한 최선의 선택이 되기도 합니다.

금전 거래

금전 거래는 다양한 유형으로 존재하지요. 단순한 대여도 있을 수 있고, 투자금 명목으로 지급하는 경우도 있으며, 어떠한 이유로 돈을 맡기기도 합니다.

금전 거래를 하면서 당사자 간 계약서를 작성하는 등 그 목적이나 성격을 명확히 한다면 다툼이 줄어들 것입니다. 그러나 계약서를 형식적으로 작성하여 그 내용과 다르게 거래를 하거나 아예 계약서조차 작성하지 않는 경우도 많습니다. 이러한 경우 거래의 그 실제 성격에 대해 분쟁이 일어나는 경우가 많습니다.

왜냐하면 거래 목적 성격에 따라 범죄가 성립여부가 달라지기 때문입니다. 그렇기 때문에 금전 거래에 있어서 형사 사건의 당사자는 해당 거래가 어떠한 성격을 갖는지에 대해 주로 다투게 됩니다.

A는 호텔을 신축하는 X에게 6개월 후 이자 1억 5천만 원을 포함하여 합계 3억 5천만 원을 돌려받는 조건으로 2억 원을 대여하였습니다.

한편 A는 변제기한 무렵 X로부터 위 호텔 상가를 분양 받기로 하면서 대여금 채권의 원리금 합계 3억 5천만 원을 그 분양계약 청약금에 충당하였습니다.

결국 A는 X로부터 연 150%의 이자율에 의한 이자를 받았다는 내용의 이자제한법위반 혐의로 형사재판을 받게 되었습니다.

「이자제한법」은 사채업의 폐해를 해결하기 위해 제정된 법으로, 이자의 적정한 최고한도를 정함으로써 국민경제생활을 보호하기 위하여 최소한의 사회적 안정장치를 마련하고자 하는 목표로 만들어졌습니다. 그리하여 「이자제한법」은 돈을 빌려주는 금전소비대차 계약을 하는 경우 연 24%를 초과하여 이자를 받은 자를 처벌하는 규정을 두고 있습니다.

이자제한법

제2조(이자의 최고한도) ① 금전대차에 관한 계약상의 최고이자율은 연 25퍼센트를 초과하지 아니하는 범위 안에서 대통령령[11]으로

---

11 「이자제한법」 제2조 제1항에 따른 금전대차에 관한 계약상의 최고이자율은 연 24퍼센트로 한다(이자제한법 제2조 제1항의 최고이자율에 관한 규정 참조).

정한다.

제8조(벌칙) ① 제2조 제1항에서 정한 최고이자율을 초과하여 이자를 받은 자는 1년 이하의 징역 또는 1천만 원 이하의 벌금에 처한다.

한편 「이자제한법」에서 처벌하는 것은 ① 모든 금전거래가 아니라 금전소비대차계약에 한하여, ② 연 24%를 초과하는 이자를 받는 경우에 한하여 처벌하는 것입니다. 따라서 「이자제한법」에서는 해당 금전거래가 ① 금전소비대차계약인지, 투자계약인지 여부, ② 받은 것이 이자인지, 수익인지 여부가 쟁점이 됩니다.

① 해당 거래가 금전소비대차거래인지 여부는 거래내용에 따라 판단하는 경우가 많은데 계약서를 명백히 쓰지 않은 경우이거나, 계약서 명칭과 내용이 서로 다른 경우 문제가 되곤 합니다.

계약당사자 간에 어떠한 계약내용을 처분문서인 서면으로 작성한 경우에 그 문언의 객관적인 의미가 명확하게 드러나지 않는 경우에는 그 문언의 내용과 그 계약이 이루어지게 된 동기 및 경위, 당사자가 그 계약에 의하여 달성하려고 하는 목적과 진정한 의사, 거래의 관행 등을 종합적으로 고찰하여 사회정의와 형평의 이념에 맞도록 논리와 경험칙, 그리고 사회일반의 상식과 거래의 통념에 따라 그 계약의 내용을 합리적으로 해석하여야 한다(대법원 2000다33607 판결 참조).

② 받을 이익이 연 □□%라고 확정적으로 정해진 경우, 이는 이자로 볼 수 있습니다. 그러나 만약 수익에 따라 받을 이익이 유동적이며, 수익이 나지 않는 경우 아예 지급하지도 않도록 정해 놓았다면 이자라기보다는 투자금의 수익 분배로 볼 수 있겠지요.

X는 호텔신축사업을 진행하기 위하여 당시 한국토지주택공사와 이 사건 토지에 관한 매매예약을 체결하였습니다. 그러나 계약 당일 지급한 매매예약금 외에 약 4억 원에 달하는 보증금 중 2억 원 가량의 자금이 부족하게 되자, 동업자인 Z에게 투자자를 물색해 달라고 부탁하였던 것이었습니다. 이에 X는 Z로부터 A를 소개받았고, 이에 A는 X, Z와 함께 한국토지주택공사를 방문하여 이 사건 토지에 관한 매매예약서를 확인한 후 A가 고소인에게 2억 원을 지급하기로 하는 이 사건 약정을 체결하였습니다.

이 사건에서 제1심 재판부는 "A가 확정적으로 이자를 보장받았을 뿐 원금 손실의 가능성이 없었다."라는 이유로, 위 계약이 투자약정이 아닌 금전소비대차계약에 해당한다고 보아 유죄를 인정하였습니다.

그러나 항소심 재판부는 "통상 이자는 '금전 기타 대체물의 사용대가로서 원본액과 사용기간에 비례하여 지급되는 금전 기타의 대체물'이라고 정의되고, 이율은 이자액을 확정하는 기준으로서 원본 사용의 일정 기간을 단위로 하여 정해지는 것인바, 이 사건 약정과 관련하여 작성된 문서에는 이자 또는 이자율에 대한 기재가 전혀 없이 단지 '원금란'에 위 2억 원 및 나머지 1억 5천만 원을 합한 총액 3억 5천만 원이 기재되어 있을 뿐만 아니라 차용금의 용도에 관한 명시적 기재가 있는바, 이러한 점 등에 비추어 보면 이 사건 약정은 금전소비대차계약의 전형적인 모습과는 다소간 차이가 있다고 판단되고, 오히려 X가 투자자인 A을 안심시키려는 목적으로 이익금을 원금과 함께 확실하게 보장하겠다는 파격적인 제안을 한 것으로 보인다."라며 A에게 무죄를 선고하였습니다.

결국 당시 A와 X의 거래는 금전소비대차계약이라기보다는 오히려 투자금으로 보이며, 약정한 이익 역시 이자가 아니라 투자수익으로 보이므로 이자제한법위반이 아니라는 취지였지요.

이렇듯 과한 이익을 이유로 이자제한법위반의 소지가 문제되는 경우, 해당 규정의 취지 및 구성요건에 관한 내용을 명확히 이해하고 대처하여야 할 것입니다.

① A는 지인인 X에게 2019년 3월 19일 100만 원, 2019년 3월 21일 100만 원 합계 200만 원을 빌려주고, 2019년 3월 28일까지 원금 및 이자 합계 280만 원을 지급받기로 약정한 후 그 약정에 따라 2019년 6월 15일경 원금 및 이자 명목으로 합계 421만 원을 지급받아 연 86.3%의 이자를 지급받았습니다.

② B는 급전이 필요한 Y에게 2019년 7월 7일경 100만 원을 8일간 빌려주고, 2019년 7월 15일 원금과 이자를 합하여 140만 원을 지급받아 연 2,737%의 이자를 받았고, 이후에도 2019년 7월 15일 50만 원을 빌려주고 2019년 7월 17일 원금과 이자 합계 80만 원 수령, 2019년 7월 17일 30만 원 빌려주고 2019년 7월 21일 원금과 이자 합계 50만 원을 수령하여, 합계 180만 원을 대여하면서 이자로 총 90만 원을 지급받았습니다.

③ C는 채무자 Z로부터 2016년 4월 29일자 대여금 300만 원에 대한 이자 30만 원을 받은 것을 비롯하여 그 무렵 2019년 5월 26일까지 총 35회에 걸쳐 같은 방법으로 Z로부터 이자 명목으로 합계 1,330만 원을 받았습니다.

누구든지 금전대차에 관한 계약상 최고이자율인 연 24%를 초과하여 이자를 받아서는 안 됩니다. 이에 대해 유죄 판결을 받은 경우 어느 정도 수위의 처벌이 예상되는지 몇 가지 사례를 들어 소개하고자 합니다.

① 사건에서 법원은 A는 X로부터 이자제한법을 위반한 이자를 수

령하기는 하였으나, A가 공판 진행 중 X에게 200만 원을 반환하고 합의하여 X가 A의 처벌을 원하지 않고 있는 점, A가 이 사건 범행을 인정하고 반성하고 있고 아무런 범죄전력이 없는 초범인 점 등을 참작하여 A에게 벌금 70만 원을 선고하였습니다.

② 사건에서 법원은 B가 Y와 합의를 하지 못한 점 등을 이유로 벌금 200만 원을 선고하였습니다.

③ 사건에서 법원은 범행 기간이 길고, 초과 수취한 이자 합계액이 상당한 점을 고려하여 징역형을 선택하되, C가 범행을 인정하며 반성하는 태도를 보이는 점, 명확한 위법성의 인식이 있었던 것으로 보이지 아니한 점, 동종범행으로 처벌받은 전력이 없는 점 등을 두루 판단하여 C에게 징역 4월에 집행유예 2년을 선고하였습니다.

무죄 선고의 경우 법리에 대한 설명이 명확한 편이라 의미가 있지만 유죄인 경우 형량은 전과가 있는지 여부, 합의가 되었는지 어느 정도 피해 변제가 되었는지 여부 등에 따라 차이가 많이 날 수 있습니다. 따라서 이러한 내용은 참고만 하시면 됩니다.

유사수신행위 주식투자 / 무죄

A는 B와 공모하여 인터넷 주식투자 카페 ◇◇을 운영하면서 불특정 다수인 위 카페 회원들에게 "주식투자금을 거치해 주면 1년 뒤에 원금보장과 함께 원금 10배의 수익을 보장해 주겠다."라고 하여 투자금을 모집하였다는 유사수신행위법위반의 혐의로 재판을 받게 되었습니다.

'유사수신행위'란 금융관계법령에 의한 인가·허가를 받지 않거나 등록·신고 등을 하지 않고 불특정 다수인으로부터 자금을 조달하는 행위를 말합니다. 쉽게 말해 금융기관이 아니면서 고수익을 약속하며 불특정 다수인으로부터 투자금을 유치하는 행위입니다.

「유사수신행위의 규제에 관한 법률」에 따르면 누구든 유사수신행위를 하여서는 안 되고, 이를 어길 시에는 5년 이하의 징역이나 5천만 원 이하의 벌금에 처하도록 규정하고 있습니다.

> 유사수신행위의 규제에 관한 법률
>
> 제2조(정의) 이 법에서 "유사수신행위"란 다른 법령에 따른 인가·허가를 받지 아니하거나 등록·신고 등을 하지 아니하고 불특정 다수인으로부터 자금을 조달하는 것을 업으로 하는 행위로서 다음 각 호의 어느 하나에 해당하는 행위를 말한다.

1. 장래에 출자금의 전액 또는 이를 초과하는 금액을 지급할 것을 약정하고 출자금을 받는 행위

2. 장래에 원금의 전액 또는 이를 초과하는 금액을 지급할 것을 약정하고 예금·적금·부금·예탁금 등의 명목으로 금전을 받는 행위

3. 장래에 발행가액 또는 매출가액 이상으로 재매입할 것을 약정하고 사채를 발행하거나 매출하는 행위

4. 장래의 경제적 손실을 금전이나 유가증권으로 보전하여 줄 것을 약정하고 회비 등의 명목으로 금전을 받는 행위

제3조(유사수신행위의 금지) 누구든지 유사수신행위를 하여서는 아니 된다.

제6조(벌칙) ① 제3조를 위반하여 유사수신행위를 한 자는 5년 이하의 징역 또는 5천만 원 이하의 벌금에 처한다.

이 사건에서 A는 B가 독자적으로 투자를 모집한 것이지, 자신은 B와 공모를 하지 않았으며, 자신도 B에게 투자를 했던 사람 중에 하나일 뿐이라고 주장하였습니다.

사실 B는 A와 공동으로 운영하던 인터넷 카페에서 투자를 모집한 것은 아니었으며, 별도의 SNS 모임을 통해 글을 게시하였던 것이었습니다. 그리고 게시한 글의 내용은 B는 '펀딩 투자가 가능한 회원들

은 자금을 투자하고 전업 투자가 가능한 회원들 중 몇 명은 작업조로 참여하는 방법으로 함께 주식 투자를 하여 수익을 올린 수 그 수익을 투자자들끼리 분배하자.'라는 내용이었습니다. 따라서 B가 투자 수익의 발생 여부와 무관하게 모든 투자자에게 각 투자금과 10배의 수익을 보장하겠다는 취지로 한 말은 아니었고 그렇기 때문에 유사수신행위로 보기 어려운 사정이 있었습니다.

이후 B가 제안한 주식 투자가 성공하지 못하였고, 이로 인해 A 역시 다른 투자자들처럼 투자금을 잃어 손해를 보았으며, 위 투자 모집에 응한 투자자가 30명이 넘었고, 총 투자액이 10억 원 정도였으나, A와 B를 고소한 투자자는 두 명에 불과했습니다.

이러한 사정을 종합하여 법원은 "A가 B와 공모하여 유사수신행위를 하였다고 인정할 만한 증거가 없다."라고 보아, A에게 무죄를 선고하였습니다.

A는 □□센터를 설립하여 불특정 다수의 투자자들에게 경매물건을 전문적으로 매수하여 그 경매물건을 되팔아서 돈을 벌어 수익을 주겠다며, 3개월 후 투자원금에 수익 20%를 가산하여 지급하겠다고 약속하였습니다. 그 결과 A는 불특정 다수의 투자자로부터 총 28억 원을 조달받았습니다.

누구든지 법령에 따른 인·허가를 받지 아니하거나 등록이나 신고를 하지 아니하고 불특정 다수인으로부터 자금을 조달하는 것을 업으로 하는 행위로서 장래의 출자금의 전액 또는 이를 초과하는 금액을 지급할 것을 약정하고 출자금을 받는 행위를 하여서는 안 됩니다.

A는 법령에 따른 인·허가 등을 받지 않고 다수의 피해자들로부터 투자금 명목으로 합계 약 28억 원을 조달받았습니다.

법원은 A가 한 유사수신행위는 금융거래질서를 어지럽히고 불특정 다수인에게 경제적 피해를 입힐 수 있다는 점에서 그 죄책이 무겁다고 보았습니다. 그러면서 이 사건 유사수신 규모가 작지 않고, A는 현재까지 피해자들과 합의하지 못한 점, A가 자신의 잘못을 인정하고 피해자들의 투자금 중 많은 부분을 투자수익금 명목으로 배당을 하였던 점, 이 사건 전까지 동종 범죄로 처벌을 받은 전력이 없는 사정을 들어 A에게 징역형을 선고하였습니다.

A는 관할관청에 등록하지 않고 2016년 3월경부터 대부업 사무실에서 대출희망자들에게 휴대전화 소액결제를 하도록 한 다음 선이자를 공제한 210,500원을 대부하기로 하면서, 원금은 대출희망자들의 휴대전화 사용료 납부일에 결제하도록 하는 방식을 취하기로 하였습니다.

이는 대출의뢰자들에게 송금해 준 금원 중 그 액수가 휴대전화 소액결제 한도인 50만 원을 초과하지 않는 부분에 대해서, 이른바 '휴대전화 소액결제깡'의 방법으로 대부를 해 준 것이었습니다.

A는 이와 같은 방법으로 A는 2016년 3월경부터 2020년 5월경까지 총 6,200여 회에 걸쳐 합계 약 14억 원을 대부해 줌으로써 무등록 대부업을 영위하였다는 혐의로 재판을 받게 되었습니다.

「대부업 등의 등록 및 금융이용자 보호에 관한 법률」은 대부업을 영위하려고 하는 자는 영업소별로 해당 영업소를 관할하는 특별시장 등에게 등록을 하여야 한다고 규정하고 있습니다.

> 대부업 등의 등록 및 금융이용자 보호에 관한 법률
>
> 제3조(등록 등) ① 대부업 또는 대부중개업을 하려는 자는 영업소별로 해당 영업소를 관할하는 특별시장·광역시장·특별자치시장·도지사 또는 특별자치도지사에게 등록하여야 한다. 다만, 여신금융기관과 위탁계약 등을 맺고 대부중개업을 하는 자는 해당 위탁계약 범

위에서는 그러하지 아니하다.

이 사건의 경우 대출의뢰자들의 관점에서 보면, 휴대전화 소액결제방식을 통한 물품 구입은 단지 돈을 빌리기 위한 형식적인 수단일 뿐 진정한 목적은 A로부터 일정한 돈을 빌리는 데 있습니다. 따라서 휴대전화 사용요금 결제일에 통신요금과 함께 소액결제 방식을 통해 구입한 물품대금을 그들이 가입한 휴대전화 통신사에 갚아야 한다는 점에서 대부와 유사한 측면이 있지요.

그러나 A는 대출의뢰자들로부터 그들이 휴대전화 소액결제방식을 통하여 구입한 물품을 할인된 가격으로 실제 매입을 하였습니다. 따라서 이는 실물 거래 없이 이루어지는 이른바 '신용카드깡'과는 구별되는 것이었습니다. 다시 말해, A는 대출의뢰자들에게 그 매매대금을 지급해 주었고, 이와 같이 다시 매입한 물품을 다른 사람들에게 되파는 방법으로 이윤을 남긴 것이고, 대출의뢰자들에게 직접 대출금을 회수하는 행위를 한 것은 아니라는 뜻입니다.

'대부'의 사전적 의미는 '주로 은행 따위의 금융기관에서 이자와 기한을 정하여 돈을 빌려주는 것'으로 정의됩니다. 즉, 대부란 채권자가 자금 등 빌려주고 그 후에 채무자 등으로부터 돌려받는 것을 전제로 하는 것으로, 자금 융통 이후에 채무자가 이를 변제하는 행위를 필요로 합니다.

그런데 이 사건의 경우 A가 대출의뢰자들로부터 그들이 휴대전화 소액결제방식을 통하여 구입한 물품을 매입할 당시 이자나 변제기 등 대부조건에 대해 전혀 정하지 않았을 뿐만 아니라 사후에 그 돈을 돌려받기로 한 것도 아니어서 돈을 빌려준 것이라고 보기도 어려웠습니다.

법원은 "이 사건에서 A와 대출의뢰자들 사이에는 자금융통이 끝나면 더 이상 양자 간의 채권·채무 관계 등이 존재하지 않고 오로지 대출의뢰자들과 그들이 가입한 휴대전화 통신사 사이의 채권·채무관계만 존재하게 되는바, A와 대출의뢰자들 사이에 자금의 융통행위는 존재하나 이를 변제하는 행위는 존재하지 아니하는 것으로서 통상적인 대부라고는 볼 수 없다."라고 판단하며 A에게 무죄를 선고하였습니다.

한편 A의 행위는 분명히 법적으로 문제가 있어 보이는데 무죄가 선고되었다는 설명에 의아해하는 분들도 계실 것 같습니다. 이 사건 행위는 대부업법위반에 대해 무죄로 선고되었을 뿐, 정보통신망이용촉진및정보보호등에관한법률위반[12]으로 처벌이 된 사건입니다.

---

12 누구든지 통신과금 서비스 이용자로 하여금 통신과금 서비스에 의하여 재화 등을 구매·이용한 재화 등을 할인하여 매입하는 행위를 통하여 자금을 융통하여 주어서는 아니 된다(정보통신망이용촉진및정보보호등에관한법률 제72조 제1항 제4호 나목 참조).

A는 서울 ◇◇구에 위치한 자신의 사무실에서 대부중개업소를 운영하고 있었습니다. 한편 A는 관할관청에 대부중개업 등록을 하지 않고, 2018년 7월경 자신의 사무실에서 대출의뢰인 X에게 전주 B가 2억 5천만 원, 전주 C가 2억 원, 전주 D가 1억 5천 만 원 등 합계 6억 원을 X 명의 은행계좌로 이체하여 대여하도록 중개함으로써 대부중개업을 하였습니다. 이에 A는 대부업법위반 혐의로 재판을 받게 되었습니다.

「대부업법」에 따르면, 대부업 등을 하려는 자는 영업소별로 해당 영업소를 관할하는 특별시장 등에게 등록하여야 하고(대부업법 제3조 제1항), 이에 위반하여 등록 등을 하지 아니하고 대부업 등을 한 자는 5년 이하의 징역 또는 5,000만 원 이하의 벌금에 처하도록 하고 있습니다(동법 제19조 제1항 제1호).

여기서 '대부업'이란 금전의 대부(어음할인·양도담보, 그 밖에 이와 비슷한 방법을 통한 금전의 교부를 포함한다)를 업으로 하는 것을 말하고 있습니다(동법 제2조 제1호). 그러나 A는 그러한 등록을 하지 않고 대부업을 하여 대부업법위반혐의가 적용된 것이었습니다.

A는 위 혐의에 대해 1심에서 징역 10개월을 선고받았습니다. 그러자 A는 1심 판결이 부당하다며 항소를 하며 '자신이 이미 2019년경

대부업등의등록및금융이용자보호에관한법률위반죄로 벌금 700만 원을 선고받아 확정되었는데, 확정된 위 판결의 범행과 원심판결 범죄 사실은 영업범으로서 포괄일죄의 관계에 있다고 보아야 한다.'라는 주장을 하였습니다.

포괄일죄는 ① 수개의 범죄행위가 있는데, ② 각각의 행위가 동일한 죄명에 해당하고, ③ 단일하고 계속된 범의 아래 이루어졌으며, ④ 일정한 기간 동안 계속하여 범죄행위가 연속되었고, ⑤ 피해법익도 동일한 경우에 인정됩니다.

이 사건 공소사실은 위 확정판결에 나타난 상호와 같은 상호로 대부중개행위를 업으로 하였다는 것인바, 그 범행 수법이나 범행 기간, 피해 법인 등이 동일 또는 유사한 것으로서, 피고인은 단일하고 계속된 범의 하에 동종의 범행을 동일하거나 유사한 방법으로 행한 것으로 봄이 상당하므로, 위 확정판결의 범죄사실과 이 사건 공소사실은 서로 포괄일죄의 관계에 있다고 할 것이다(대법원 2011도11752 판결 참조).

포괄일죄는 말 그대로 '일죄', '하나의 죄'로 보는 것이기 때문에 이 중 일부에 대한 확정판결이 있는 경우 '확정판결의 사실심판결선고 시까지 행해진 부분'에 대해서는 이미 처벌한 것과 같이 보아 면소의 판결을 하게 됩니다.

형사소송법

제326조(면소의 판결) 다음의 경우에는 판결로써 면소를 선고하여

야 한다.

1. 확정판결이 있은 때

법원은 "확정판결의 효력은 그 선고 이전에 행하여진 이 사건 공소사실에도 미친다고 할 것이므로, 위 공소사실은 확정판결이 있는 때에 해당하여 형사소송법 제326조 제1호에 의하여 면소를 선고하여야 할 것임에도, 원심 판결은 이를 간과함으로써 판결에 영향을 미친 위법이 있다."라고 보아 A에게 면소의 판결을 하였습니다.

면소판결이란 형사 사건에서 실체적 소송조건이 결여되어 공소가 부적당한 경우에 공소사실에 관한 판단 없이 소송절차를 종결시키는 것으로, 피고인 입장에서는 처벌받지 않는다는 의미이기도 합니다.

무죄를 다투는 사건이었습니다. 수사 당시부터 담당 검사도 애매하다고 말했습니다. 애매하니 폴리그래프 검사 결과를 보고 그대로 처분하겠다고 했습니다(거짓반응 나오면 기소, 진실반응 나오면 혐의없음). 사실대로 말하겠다고 들어간 피고인(당시 피의자)의 폴리그래프 결과는 좋지 않았고, 바로 며칠 뒤 기소되었습니다.

피고인은 철저하게 무죄만을 주장하였습니다. 벌금형이 없는 범죄였고, 피해자와 합의를 하지 않았기 때문에 무죄 아니면 실형이 예상되는 사건이었습니다. 그래서 보통 선고 때는 변호인이 출석하지 않는데, 이 사건은 변호인인 제가 직접 출석했습니다. 피고인의 부모님과 선고를 함께 들었고, 결국 부모님이 보는 자리에서 피고인은 법정구속되었습니다.

당시까지만 해도 피고인의 부모님은 건강하셨는데, 하나뿐인 아들이 구속된 후 무죄를 주장하던 당당했던 모습은 온데간데없고, "얼마여도 좋으니 합의금 주고 나오고 싶다."라고 반복해서 말하는 피고인의 모습을 보며, 저도 가족들도 힘들어진 상황이었습니다.

그러다 얼마 뒤 피고인의 어머니가 뇌출혈로 쓰러졌고, 의식을 잃고 입원한 지 사흘 만에 사망했습니다. 급히 구속집행정지 신청을 했고, 상주인 아들이 늦은 오후에나 나와 저녁부터 장례식장을 지킬 수 있었습니다.

수사단계는 물론, 형이 확정되지 않은 상황에서 피고인을 구속시키는 것은 어떤 의미일까요. 반드시 필요한 일일까요? 항소심에서 피고인에게 무죄가 선고된다면, 피고인은 다시 자신의 삶을 찾게 되는 것일까요?

저는 정말 특별하고 예외적인 상황이 아니라면 형이 확정되기 전에 피고인을 구속시켜서는 안 된다고 생각합니다. 설령 추후 무죄를 받아 낸다고 하더라도 그 사람의 삶은 절대로 이전으로 회복될 수 없습니다.

물론 혐의점이 상당해 보이기 때문에 구속을 시키는 것이겠지요. 하지만 불구속상태로 수사와 재판을 받는 권리는 당연히 보장되어야 하고 그 가치는 무엇보다 소중하고 반드시 지켜져야 하는 형사법의 기본원리입니다.

그런데 요즘은 구속상태로 수사를 받고 재판을 받는 것이 원칙처럼 되어 버린 게 아닌가 싶습니다. 과연 이게 옳은 것일지 의문을 넘어 이제는 회의마저 듭니다. 뉴스만 봐도 알 수 있듯 어떤 이는 법정

구속을 당하고 어떤 이는 법정구속은 면합니다. 실형을 선고하는 때에 법정구속을 시킬지 말지 여부는 무엇으로 정해지는 것일까요?

모든 피의자나 피고인은 무죄로 추정되어야 하고 이는 기본 우리 헌법에 규정되어 있는 원칙입니다. 그렇기 때문에 반드시 필요한 경우가 아닌 한 확정되기 전의 피고인을 구속하는 일은 하지 않는 것이 옳습니다.

구속된다는 건 너무나도 끔찍한 일입니다. 가족들과 얼굴을 마주하기도 매우 어려워지는 것은 물론이고, 늘 사용하던 휴대전화도 만질 수 없습니다. 평소 당연하게만 생각하며 누렸던 사소한 자유조차 허용되지 않는 것이지요. 구속이 되면 구속된 본인은 물론 가족들 모두가 큰 고통을 받게 됩니다. 직장을 잃게 되는 경우도 허다하고 당장 경제활동을 할 수가 없으니 가정형편이 급격히 어려워지기도 합니다.

법원행정처는 2021년 1월 1일 자로 「인신구속사무의 처리에 관한 예규」 제57조를 개정하였습니다. 그 내용은 선고공판에서 집행유예 없이 실형을 선고하는 경우 '특별한 사정이 없는 한' 구속한다는 부분을 '구속의 사유와 필요성이 인정하는 경우'로 바꾼 것입니다. 형이 확정되지 않은 경우에 법정구속을 시키는 것을 되도록 지양하겠다는 취지로 보입니다.

피고인은 형사 사건에 연루되는 경우 피해자의 피해를 회복하기 위해 노력하고, 범죄를 반복하여 저지르지 않고자 노력하는 등 선처를 받아 실형만은 피할 수 있도록 노력하여야 할 것입니다. 그리고 법원 역시 확정되지 않은 피고인이 불구속 상태로 남은 재판을 받을 수 있도록 법정구속을 지양하려는 자세를 취하는 것이 필요합니다.

마약

마약범죄는 피해자가 없는 범죄로 통합니다. 마약을 유통하고 매매하고 투약하는 등 일련의 행위에서 가해자와 피해자가 구별되지 않으며 모두가 공범으로 엮이는 특이한 범죄이지요.

마약범죄는 그 특성상 적발이 쉽지 않고 재범의 위험성이 높을 뿐만 아니라 환각성, 중독성 등으로 인하여 사회 전반에 미치는 부정적인 영향이 상당히 큽니다. 그렇기 때문에 마약수사는 마약사범이 자신의 상선(공급책) 또는 하선(피제공자)를 밀고하거나 함께 투약한 사람을 신고하는 것에 어느 정도 의존할 수밖에 없는 특징이 있습니다.

상황이 이렇다 보니 대부분의 마약사건에서는 수사공적조서 혹은 수사협조서를 제출하여 얼마나 수사에 협조하여 다른 공범들을 많이 제보하였는지를 알려 양형에 도움을 받는 절차가 진행됩니다. 그러다 보니 수사공적조서나 수사협조서를 둘러싼 또 다른 범죄가 일어나기도 합니다.

최근 인터넷, 채팅어플리케이션을 통하여 평범한 사람들도 마약에 접근하기 쉬워져 문제로 지적되고 있습니다. 마약은 중독성으로 인해 한 번 호기심에 시작하면 쉽게 끊을 수 없고 오랜 기간 치료가 필요합니다. 이러한 이유로 법원은 우리 사회를 보호하기 위해서는 마약범죄에 엄정하게 대처할 필요가 있다는 입장입니다.

마약류관리법위반(향정) 필로폰 수입 / 무죄

A는 B와 향정신성의약품인 메트암페타민(필로폰)을 중국에서 밀수입하기로 모의하고, B가 중국에 있는 X에게 수취인의 인적사항 및 수취 주소를 알려 주면 A는 특송화물을 한국에서 수령하는 것으로 역할을 나누었고, 이후 X가 필로폰 약 17g을 비닐봉지에 담아 신발 밑창에 은닉한 후 해당 신발을 중국에서 대한민국으로 항공특송화물로 밀수입하였다는 혐의로 재판을 받게 되었습니다.

이 사건에서 A는 1심에서 징역 2년 6개월의 실형을 선고하였습니다. 그러자 A는 'B의 부탁으로 중국에서 발송된 항공특송화물을 받아 준 것에 불과하고, 자신은 위 항공특송화물에 필로폰이 들어 있다는 사실을 전혀 알지 못하였다.'라며 무죄를 주장하였습니다.

형사재판에서 범죄사실의 인정은 법관으로 하여금 합리적인 의심을 할 여지가 없을 정도의 확신을 가지게 하는 증명력을 가진 엄격한 증거에 의하여야 하는 것이므로, 검사의 증명이 위와 같은 확인을 가지게 하는 정도에 충분히 이르지 못한 경우에는 비록 피고인의 주장이나 변명이 모순되거나 석연치 않은 면이 있는 등 유죄의 의심이 간다 하더라도 피고인의 이익으로 판단하여야 한다(대법원 2001도 2823 판결 등 참조).

실제로 B의 체포 경위를 살펴보면, A는 수사 초기부터 '아는 형이 택배를 받아 달라고 해서 받아 준 것뿐이다.'라는 취지로 진술하였는데, 수사관의 요청에 따라 A가 B에게 전화를 하자 B는 A에게 자신이 일하고 있는 식당으로 위 화물을 가져다 달라고 하였습니다. 이에 수사관이 A와 함께 위 식당으로 이동하여 현장에서 B를 체포하였던 것입니다. 결국 A 때문에 체포당한 B가 화가나 A에게 불리한 진술을 하였을 가능성이 높은 상황이었지요.

한편 A는 당시 특별한 대가나 보상 없이 B로부터 이 사건 화물 수령을 부탁받고 대신 수령해 주었던 것이었습니다. 이에 법원은 여러 사정을 살펴보아 A가 이 사건 화물 안에 든 물건이 필로폰임을 인식하고서도 이를 수령하여 주기로 공모하였다고 단정하기 어렵다는 이유로 A에게 무죄를 선고하였습니다.

A는 자신이 운영하는 업소 내에서 담배 속 연초를 덜어 내고 대마를 집어넣은 후 라이터로 불을 붙여 그 연기를 들이마시는 방법으로 대마를 흡연하였습니다.

누구든지 마약류취급자가 아니면 마약 또는 향정신성의약품을 소지, 소유, 사용, 운반, 관리, 수입, 수출, 제조, 조제, 투약, 수수 매매, 매매의 알선 또는 제공하는 행위를 하여서는 안 됩니다.

마약류관리법

제4조(마약류취급자가 아닌 자의 마약류 취급 금지) ① 마약류취급자가 아니면 다음 각 호의 어느 하나에 해당하는 행위를 하여서는 아니 된다.

1. 마약 또는 향정신성의약품을 소지, 소유, 사용, 운반, 관리, 수입, 수출, 제조, 조제, 투약, 수수, 매매, 매매의 알선 또는 제공하는 행위

제60조(벌칙) ① 다음 각 호의 어느 하나에 해당하는 자는 10년 이하의 징역 또는 1억 원 이하의 벌금에 처한다.

2. 제4조 제1항을 위반하여 제2조 제3호 나목 및 다목에 해당하는 향정신성의약품 또는 그 물질을 함유하는 향정신성의약품을 매매,

매매의 알선, 수수, 소지, 소유, 사용, 관리, 조제, 투약, 제공한 자 또는 향정신성의약품을 기재한 처방전을 발급한 자

이 사건에서 A는 이 사건 범행에 대해 자백하였는데, 재판 과정에서 갑자기 자신의 자백을 보강할 다른 증거가 없으니 무죄가 선고되어야 한다고 주장을 하였습니다. A가 이러한 주장을 한 이유는 「형사소송법」이 피고인의 자백만 있고 피고인의 자백을 보충하는 보강증거가 없는 경우 유죄로 할 수 없도록 규정하고 있기 때문입니다.

형사소송법

제310조(불이익한 자백의 증거능력) 피고인의 자백이 그 피고인에게 불이익한 유일의 증거인 때에는 이를 유죄의 증거로 하지 못한다.

자백의 보강증거는 범죄사실의 전부 또는 중요 부분을 인정할 수 있는 정도가 되지 않더라도, 피고인의 자백이 가공적인 것이 아닌 진실한 것임을 인정할 수 있는 정도만 되면 충분하다. 또한 직접증거가 아닌 간접증거나 정황증거도 보강증거가 될 수 있고, 자백과 보강증거가 서로 어울려서 전체로서 범죄사실을 인정할 수 있으면 유죄의 증거로 충분하다(대법원 2019도6198 판결 등 참조).

법원은 "A가 수사기관에서부터 자신의 범행을 자백하고 있고, A의 지인인 Z에 대한 진술조서 및 A와 Z가 주고받은 통화자료 및 통화내역 회신 내용은 A의 자백을 보충하는 보강증거로 볼 수 있다."라며 A에게 징역형의 집행유예를 선고하였습니다.

A는 2020년 3월경 휴대전화 검색을 통해 알게 된 필로폰 판매자 Z와 연락하여 필로폰을 매수하기로 하고, Z가 알려 준 은행 계좌로 대금 20만 원을 송금한 다음 Z가 알려 준 공사장 특정 장소에 Z가 숨겨 놓은 필로폰 약 0.2그램을 가지고 갔습니다. A는 이렇게 구매한 필로폰을 커피에 타 마시는 방법으로 필로폰을 투약하였고, 남은 필로폰 0.09그램을 종이에 싸서 자신의 지갑 안에 넣어 두어 필로폰을 소지하였습니다.

한편 A는 마약류관리에관한법률위반(향정) 사건으로 구속되어 형사재판을 받고 있는 Y에게 ◇◇교도소 접견실에서 '경찰청에 내가 잘 아는 경찰관들이 있으니 돈을 주면 작업을 통해 공적조서를 만들어 감형을 받을 수 있게 도와주겠다.'라는 취지로 말하였고, 이를 믿은 Y는 친형을 통해 A명의 은행 계좌로 200만 원을 송금하였습니다.

마약류 취급자가 아니면 향정신성의약품인 메트암페타민(필로폰)을 매매, 투약, 소지하여서는 안 되는데, A는 마약류취급자가 아니었습니다. 위와 같은 행위로 인하여 A는 필로폰 매매, 투약 및 소지의 혐의를 받고 있었습니다. 그리고 공무원이 취급하는 사건 또는 사무에 관하여 청탁 또는 알선을 한다는 명목으로 Y로부터 200만 원을 받았다는 변호사법위반의 혐의도 함께 받고 있었습니다.

변호사법

제111조(벌칙) ① 공무원이 취급하는 사건 또는 사무에 관하여 청탁 또는 알선을 한다는 명목으로 금품·향응, 그 밖의 이익을 받거나 받을 것을 약속한 자 또는 제삼자에게 이를 공여하게 하거나 공여하게 할 것을 약속한 자는 5년 이하의 징역 또는 1천만 원 이하의 벌금에 처한다. 이 경우 벌금과 징역은 병과할 수 있다.

② 다른 법률에 따라 「형법」 제129조부터 제132조까지의 규정에 따른 벌칙을 적용할 때에 공무원으로 보는 자는 제1항의 공무원으로 본다.

이 사건에서 법원은 '마약범죄는 개인의 육체와 정신을 피폐하게 할 뿐만 아니라 국민건강 및 사회적 안전을 해할 위험성이 높아 엄히 처벌할 필요가 있는 점, A는 마약 관련 처벌 받은 전력이 있음에도 불구하고 누범기간 중에 이 사건 범행을 저질렀으며, 이 사건 범행으로 취득한 필로폰 중 일부를 다른 사람에게 교부하기까지 하는 등 범행 후의 정황이 불량한 점, A가 마약사범의 수사에 협조한 점, 변호사법 위반죄의 경우 수사기관에 대한 청탁을 명목으로 금품을 수수한 것으로서 국민의 수사기관에 대한 신뢰를 저해하는 등 그 사회적 해악이 큰 점, A가 범행을 자백하며 반성하는 태도를 보이고 있는 점' 등을 두루 살펴 A에게 징역 2년의 실형을 선고하였습니다.

마약사범 변호사법위반 사기 / 무죄

A는 교도소 접견실에서 해당 교도소에서 지내면서 알게 된 X에게 "네가 재판 받고 있는 사건 관련해서 좋은 변호사를 소개해 주겠다. 법원에 마약사범에 대한 수사협조서도 작성, 제출해서 재판에서 벌금형을 받거나 6개월에서 8개월 정도 형만 선고되게 해 줄 테니 나에게 500만 원을 달라."라고 하였습니다. 그러나 사실은 당시 A는 X에게 변호사를 소개해 주거나 수사협조서를 작성, 제출해서 X에 대한 법원의 선고형을 낮춰 줄 수 있는 능력이나 의사가 전혀 없었습니다. 그럼에도 불구하고, A는 위와 같이 X를 기망하였고 이에 속은 X 로부터 자신의 아내 명의 계좌로 500만 원을 송금받았습니다.

A는 X로부터 500만 원을 받은 것은 사실이나, 이는 단순한 차용금에 불과하고, X가 받고 있는 형사재판과 관련하여 변호사를 소개하거나 수사협조서를 담당 재판부에 작성·제출하여 X에 대한 선고형을 낮추어 준다는 명목으로 위 돈을 편취한 것은 아니라고 주장하였습니다.

A의 변호사법위반 혐의에 대해서 법원은 "법원에서 재판을 받고 있는 A에 대하여 담당 재판부에 선처를 호소하거나 엄벌을 탄원하는 취지의 탄원서, 피해배상 자료, 생활환경이나 정상에 관한 자료 등 양형에 관한 자료는 누구나 제한 없이 제출할 수 있는 점, X는 마약사

범 형사재판을 받으면서 A에게 돈을 교부하기 전까지 이미 세 차례나 수사협조서를 제출하였고, 그 뒤에도 독자적으로 여러 차례 수사협조서를 제출한 사실이 인정되기 때문에, 과연 X가 A에게 500만 원을 교부하면서까지 추가로 수사협조서를 마련하여야 할 필요가 있었는지 의문이 든다."라고 하였습니다.

변호사법 제111조에서 말하는 공무원이 취급하는 사건 또는 사무에 관하여 청탁 또는 알선을 한다는 명목으로 금품을 수수한다 함은 공무원이 취급하는 사건 또는 사무에 관하여 공무원과 의뢰인 사이를 중개한다는 명목으로 금품을 수수한 경우라야 하는 것이지, 이를 전제로 하지 않고 단순히 공무원이 취급하는 사건 또는 사무와 관련하여 노무를 제공하고, 그 대가로서 금품을 수수하였을 뿐인 경우에는 공무원이 취급하는 사건 또는 사무에 관하여 청탁 또는 알선을 한다는 명목으로 금품을 수수한 것이라고 볼 수 없다(대법원 97도547 판결).

한편 X의 진술을 모두 살펴보면, A은 X에게 '감형을 받을 수 있도록 좋은 변호사를 소개하여 주고 X가 마약수사에 협조하였다는 취지의 수사협조서를 담당 재판부에 제출하여 주겠다.'라는 취지의 약속을 한 것으로는 볼 수 있었습니다. 그러나 X의 사건을 담당할 변호사를 소개하여 주는 것만으로 X와 담당 재판부 사이를 중개하는 것이라 볼 수는 없고, 재판부에 위와 같은 수사협조서를 유리한 양형 자료로서 제출하는 것만으로 재판부에 감형을 청탁한 것이라고 보기도 어려우며, A는 X에게 수사협조서의 제출 외에는 감형을 위한 다른 방책을 제시하거나 재판부에 직접 영향을 미칠 수 있는 별다른 능력이 있음을 드러내 보이지도 않았습니다.

이에 법원은 "특별히 A가 담당 재판부에게 감형과 관련하여 어떠한 청탁을 하겠다거나 X와 담당 재판부 사이를 중개하기로 약속한 바는 없다고 보이고, 그렇다면 A가 X로부터 받은 위 500만 원은 X의 형사재판과 관련하여 재판부에 수사협조서 등 양형 자료를 제출하는 노무의 대가인 것이고, 공무원이 취급하는 사건 또는 사무에 관하여 청탁 또는 알선을 한다는 명목으로 수수된 금품이라고 볼 수는 없다."라고 판단하였습니다.

그리고 A의 사기 혐의에 대해서 법원은 "X는 이미 이 사건 이전에 마약 범죄로 처벌받은 전력이 2회나 있기 때문에, X가 A로부터 법원에 수사협조서 작성, 제출을 통해 감형받을 수 있다는 말에 기망을 당하여 500만 원을 교부하였다고 보기는 어렵고, 검사나 수사관도 아니고 교도소에 수용중인 마약사범이 다른 마약 사범의 담당 재판부에 수사협조문이나 공적조서를 제출하면 선고형을 낮출 수 있다는 A의 말을 X가 그대로 믿었다는 것도 상식에 반한다."라고 보았습니다.

결국 법원은 A에 대해 변호사법위반과 사기 모두에 대해 무죄를 선고하였습니다.

허위공문서작성, 허위작성공문서행사 / 벌금형

A는 마약수사를 담당하던 경찰공무원으로, 마약사범인 X의 진술을 토대로 상선 Y를 체포할 수 있었습니다. 그러자 X는 A에게 "Z의 제보로 Y를 체포한 것처럼 Z의 재판부에 공적서를 제출해 달라."라고 부탁을 하였습니다.

이에 A는 마약류관리에관한법률위반(향정)죄로 재판을 받고 있던 Z가 감형을 받게 하려고 "Z의 제보로 마약수사에 도움을 받았다."라는 허위 내용의 수사공적서를 작성하여 법원에 제출하였습니다.

재판 중인 마약사범이 자신이 알고 있는 마약 사건을 제보하여 관련자들이 형사소추가 가능할 정도로 수사에 기여한 경우 양형기준상 감경요건이 됩니다.

그렇기 때문에 형사재판 중인 마약사범들은 자신이 알고 있는 마약사건을 제보하여 수사공적조서나 수사협조서를 받길 원하고, 마약 사건을 수사하는 경찰관 중 일부는 수사실적 등을 이유로 마약사건의 제보를 받고자 합니다. 이와 같이 마약사범과 경찰관의 요구사항이 서로 잘 들어맞기 때문에 이 자체만으로는 사실 아무런 문제가 없습니다.

그런데 여기에 공적조서로 거래를 하는 '야당'이 끼어들어 작업을 하면서 문제가 발생합니다. 여기서 '작업'이란 다른 마약사범에 대한 제보를 구입해 자신의 공적으로 올리는 형태와 마약사범이 수사기관과 공조하여 새로운 마약사범을 만들어 내는 형태 등으로 행해지고 있습니다.

위와 같이 재판 중인 마약사범, 경찰관, 야당의 이해관계에 따라, 경찰관으로서는 사실 야당 등 제삼자가 제보하였을 뿐이고 재판 중인 특정 마약사범으로부터는 아무런 정보를 얻지 못하였음에도 마치 해당 마약사범이 제보하여 수사협조를 한 듯이 허위의 수사공적서를 작성하여 해당 법원에 양형자료로 제출하는 경우가 발생하기도 하는 것입니다.

A 역시 이러한 이유로 Z가 Y의 필로폰 매매 등 범행을 제보하거나 체포에 필요한 소재에 관한 정보를 제공한 것처럼 공문서인 수사협조확인서를 허위로 작성하고 이를 Z의 재판부에 제출하였던 것이지요.

법원은 A가 마약수사반장으로서 Y를 체포하기 위해 X로부터 그 소재를 제보받았음에도 Z가 제보한 것처럼 이 사건 수사협조확인서를 작성하여 해당 재판부에 제출한 이 사건 범행은 그 죄질이 가볍지는 않다고 지적하였습니다. 그러면서 다행히 이 사건 수사협조확인서가 해당 재판부에서 의미 있는 양형자료로 참작되지는 아니하였던 것으로 보이는 점, A가 이 사건 수사협조확인서 작성, 제출의 대가로 금전을 수수하는 등 개인적 이익을 취한 것으로 보이지는 않고, 적극적으로 마약사범을 체포하려던 과정에서 관행이라는 이름하에 문제의식이 미약한 상태에서 이 사건 범행에 이른 것으로 보이는 점, A가 오랜 기간 경찰관으로 재직하면서 성실히 근무하며 우리 사회의 치안과 질서 유지에 헌신해 온 것으로 보이는 점 등을 참작하여 A에게 벌금형을 선고하였습니다.

★ 함정수사

함정수사는 주로 마약, 도박, 성매매, 조직범죄 등과 같이 은밀히 이루어져 밝히기 힘든 범죄에 적용하는 수사기법입니다. 최근에는 n번방 사건에서 수사관이 성착취물 거래를 시도하는 등 방법으로 수사를 한 것을 두고 함정수사가 아닌지, 이러한 수사도 허용하여야 하는지에 대해 논란이 있기도 하였습니다.

함정수사라 함은 본래 범의를 가지지 아니한 자에 대하여 수사기관이 사술이나 계략 등을 써서 범죄를 유발하게 하여 범죄인을 검거하는 수사방법을 말하는 것이므로, 범의를 가진 자에 대하여 범행의 기회를 주거나 단순히 사술이나 계략 등을 써서 범죄인을 검거하는 데 불과한 경우에는 이를 함정수사라고 할 수 없다(대법원 2007도4532 판결 참조).

함정수사는 '기회제공형'과 '범의유발형'으로 나눌 수 있는데, 기회제공형이란 이미 범의(범죄를 저지르려는 의사)를 가지고 있는 사람에게 단순히 범죄의 기회를 제공하는 것이고, 범의유발형이란 범의를 가지고 있지 않은 사람에게 범의를 유발해 범죄를 저지르도록 하는 것을 의미합니다. 예를 들어 마약을 판매하려고 소지하고 있는 사람에게 "마약을 살게요."라고 연락하여 판매하게 한 경우는 기회제공형이고, 마약을 가지고 있지도 않거나, 팔 생각도 없는 사람에게 "마약 좀 구해서 팔아 주세요."라고 해서 어렵게 마약을 판매하게 했다면 범의유발형이 되는 것이지요.

함정수사는 원칙적으로 지양해야 하는 수사기법이지만, 기회제공형의 경우 해당 범죄의 특성 등을 고려하여 적법한 수사로 보고 있습니다. 범의유발형의 경우 위법한 함정수사로 판단하고 있지요. 그러나 실제 사건에서는 해당 함정수사가 기회제공형인지 범의유발형인지 구분하기 쉽지 않은 경우가 대부분입니다. 그래서 해당 수사가 위법한 것은 아니었는지 여부에 대해 다툼이 생기기도 하는 것입니다.

한편 범의유발형 함정수사는 위법한 수사에 의한 공소제기로서 그 절차가 법률의 규정에 위반하여 무효인 때에 해당합니다. 그러므로 법원은 이러한 사건의 경우 공소기각의 판결을 선고합니다(형사소송법 제327조 제2호).

근로기준법

　근로기준법은 고용관계 및 근로시간제도를 현실에 부합하도록 근로기준제도를 합리적으로 규정하여 근로자의 기본적 생활을 보장·향상시키고 균형 있는 국민경제의 발전을 도모하기 위해 만들어졌습니다.

　근로관계에서 임금이나 퇴직금을 지급하지 않는 경우, 이는 사람 간에 계약내용대로 돈을 지급하지 않는 것으로 민사상 채무불이행에 해당됩니다. 그러나「근로기준법」은 근로자를 보호하기 위해 임금 미지급을 하는 사용자를 형사 처벌하도록 규정하고 있습니다. 퇴직금의 경우에는「근로자퇴직급여보장법」에서 처벌규정을 두고 있지요.

　사용자와 근로자의 관계에서는 근로자가 약자의 입장이라고 볼 수 있기 때문에 근로자의 권리를 보장하기 위해서 근로기준법 및 관련 규정들을 통해 필요한 경우 형사 처벌을 가능하도록 한 것입니다. 이와 관련한 사례들을 살펴보도록 하겠습니다.

A는 주식회사 대표로 상시근로자 22명으로 영업을 하는 사용자입니다. A는 2013년부터 2020년까지 자신의 사업장에서 근무한 근로자 X의 임금 약 500만 원과 퇴직금 1,800만 원을 비롯하여 근로자 11명의 임금 합계 2,600여만 원 과 근로자 11명의 퇴직금 합계 1억여 원을 퇴직일로부터 14일 이내에 각각 지급하지 않았습니다.

사업주가 직원의 임금이나 퇴직금을 기한 내에 지급하지 않으면 형사 처벌을 받을 수 있습니다. 관련 규정은 아래와 같습니다.

◇ 임금미지급: 근로기준법

제109조(벌칙) ① 제36조를 위반한 자는 3년 이하의 징역 또는 3천만 원 이하의 벌금에 처한다.

② 제36조를 위반한 자에 대하여는 피해자의 명시적인 의사와 다르게 공소를 제기할 수 없다.

제36조(금품 청산) 사용자는 근로자가 사망 또는 퇴직한 경우에는 그 지급 사유가 발생한 때부터 14일 이내에 임금, 보상금, 그 밖의 모든 금품을 지급하여야 한다. 다만, 특별한 사정이 있을 경우에는 당사자 사이의 합의에 의하여 기일을 연장할 수 있다.

◇ 퇴직금 미지급: 근로자퇴직급여보장법

제44조(벌칙) 다음 각 호의 어느 하나에 해당하는 자는 3년 이하의 징역 또는 2천만 원 이하의 벌금에 처한다. 다만, 제1호 및 제2호의 경우 피해자의 명시적인 의사에 반하여 공소를 제기할 수 없다.

1. 제9조를 위반하여 퇴직금을 지급하지 아니한 자

제9조(퇴직금의 지급) 사용자는 근로자가 퇴직한 경우에는 그 지급 사유가 발생한 날부터 14일 이내에 퇴직금을 지급하여야 한다. 다만, 특별한 사정이 있는 경우에는 당사자 간의 합의에 따라 지급기일을 연장할 수 있다.

임금미지급이나 퇴직금미지급의 벌칙조항에는 "피해자의 명시적인 의사에 반하여 공소를 제기할 수 없다."라는 내용이 담겨 있습니다. 이는 '피해자가 처벌을 원하지 않는 경우 공소기각 판결을 한다.'라는 의미이기도 합니다.

공소기각 판결이란 소송조건의 흠결로 재판을 할 수 없는 때에 해당합니다. 따라서 법원이 판단하지 않는다는 것이고, 피고인의 입장에서는 처벌받지 않아도 된다는 의미이기도 하지요.

그렇기 때문에 월급이나 퇴직금을 지급하지 않았다는 혐의를 받는 사업주는 최대한 빨리 직원들과 합의를 하고, 처벌불원서를 받아 법원에 제출하는 것이 중요합니다.

한편 월급·퇴직금을 받지 못한 직원의 입장에서는 합의금을 받지 않은 상태에서 처벌불원서를 써 주는 경우를 주의해야 합니다. 처벌불원서가 제출되는 경우 사업주는 처벌에서 벗어나게 되며, 추후 민사소송 등 다른 절차로 다투어 돈을 받아야 하는 번거로움이 발생할 수 있기 때문입니다.

A는 상시근로자를 채용하여 음식점을 영업하는 사장님이었습니다. A는 음식점에서 2019년 10월 1일부터 2020년 12월 17일까지 근로하였던 X에게 2020년 12월 20일 사전예고 없이 해고하면서 통상임금의 30일분에 해당하는 해고예고수당 220만 원을 해고일에 즉시 지급하지 아니하였다는 근로기준법위반 혐의로 재판을 받게 되었습니다.

사용자는 근로자를 해고하려면 적어도 30일 전에 예고를 하여야 하고, 30일 전에 예고를 하지 아니하였을 때에는 30일분 이상의 통상임금을 지급하여야 합니다.

근로기준법

제26조(해고의 예고) 사용자는 근로자를 해고(경영상 이유에 의한 해고를 포함한다)하려면 적어도 30일 전에 예고를 하여야 하고, 30일 전에 예고를 하지 아니하였을 때에는 30일분 이상의 통상임금을 지급하여야 한다.

근로기준법에서 정하고 있는 '해고'는 사용자가 근로자에 대하여 근로계약관계를 종료시키겠다는 뜻을 일방적으로 통지하는 것을 의

미합니다. 그러므로 사용자가 근로자와 언제까지 근무하기로 협의를 하였거나, 근로자가 그만두겠다고 일방적으로 이야기하여 근로계약 관계를 끝내는 경우는 해고가 아닙니다. 따라서 이러한 경우라면 해고예고수당 지급의무도 발생하지 않는 것이지요.

그런데 이 사건은 A가 X에게 일방적으로 근로계약을 종료시키겠다는 의사표시를 하였다고 판단할 증거가 없었습니다. 비록 A가 2020년 12월 20일 X에게 전화로 다른 일을 알아보라는 취지로 말을 한 적은 있으나, 같은 날 다시 X에게 통화를 시도하다가 X와 연락이 이루어지지 않자 X의 자녀에게 "엄마 잠깐 쉬셨다 일하기로 하셨는데, 다시 출근해서 일 같이 하자고 전해 주세요."라는 문자를 보냈고, 그러자 X의 자녀가 A에게 "또다시 나가서 일하시기가 힘든가 봐요. 그냥 정리하자고 하시네요."라는 답변을 보낸 점 사실이 확인되었습니다.

결국 법원은 "사용자인 A가 근로자인 X에게 근로계약관계를 종료시키겠다는 뜻을 일방적으로 통지하였다고 인정하기에 부족하여 A에게 해고예고수당 지급의무가 있다고 볼 수 없다."라는 이유로 무죄를 선고하였습니다.

A는 상시근로자 3~4명을 두고 학원을 경영하는 사용자인데, 2020년 2월 11일 입사하여 총무로 근로하고 있는 근로자 X에게 2020년 7월 3일 학원 사정이 어려우니 나가라고 사전 예고 없이 해고를 하면서 해고예고수당을 지급하지 않았습니다.

사용자는 근로자를 해고하고자 할 때는 적어도 30일 전에 그 예고를 하여야 하며 30일 전에 예고를 하지 아니할 때에는 30일분 이상의 통상임금을 지급하여야 하며, 이때 해고는 경영상의 이유로 해고를 하는 경우를 포함하고 있습니다.

이 사건에서 A는 자신이 X를 해고한 이유는 X가 업무상 횡령 등의 범죄행위를 저질렀기 때문이므로, 근로기준법 제26조에 따라 해고예고수당 지급의무가 없다고 주장하였습니다.

근로기준법

제26조(해고의 예고) 사용자는 근로자를 해고(경영상 이유에 의한 해고를 포함한다)하려면 적어도 30일 전에 예고를 하여야 하고, 30일 전에 예고를 하시 아니하였을 때에는 30일분 이상의 통상임금을 지급하여야 한다. 다만, 다음 각 호의 어느 하나에 해당하는 경우에

는 그러하지 아니하다.

1. 근로자가 계속 근로한 기간이 3개월 미만인 경우

2. 천재·사변, 그 밖의 부득이한 사유로 사업을 계속하는 것이 불가능한 경우

3. 근로자가 고의로 사업에 막대한 지장을 초래하거나 재산상 손해를 끼친 경우로서 고용노동부령으로 정하는 사유에 해당하는 경우

근로기준법 시행규칙

제4조(해고 예고의 예외가 되는 근로자의 귀책사유) 법 제26조 단서에서 "고용노동부령으로 정하는 사유"란 별표와 같다.

[별표] 해고의 예고의 예외가 되는 근로자의 귀책사유

납품업체로부터 금품이나 향응을 제공받고 불량품을 납품받아 생산에 차질을 가져온 경우

영업용 차량을 임의로 타인에게 대리운전하게 하여 교통사고를 일으킨 경우

사업의 기밀이나 그 밖의 정보를 경쟁관계에 있는 다른 사업자 등에게 제공하여 사업에 지장을 가져온 경우

허위 사실을 날조하여 유포하거나 불법 집단행동을 주도하여 사업에 막대한 지장을 가져온 경우

영업용 차량 운송 수입금을 부당하게 착복하는 등 직책을 이용하여

공금을 착복, 장기유용, 횡령 또는 배임한 경우

제품 또는 원료 등을 몰래 훔치거나 불법 반출한 경우

인사·경리·회계담당 직원이 근로자의 근무상황 실적을 조작하거나 허위 서류 등을 작성하여 사업에 손해를 끼친 경우

사업장의 기물을 고의로 파손하여 생산에 막대한 지장을 가져온 경우

그 밖에 사회통념상 고의로 사업에 막대한 지장을 가져오거나 재산상 손해를 끼쳤다고 인정되는 경우

실제로 X가 업무상횡령, 절도, 주거침입의 범죄사실로 기소된 사실은 인정되었습니다. 하지만 X의 범죄사실은 3,000원 상당의 필기구와 2,000원 상당의 음료수를 횡령한 것을 제외하고는 모두 A가 X에게 해고통보를 한 이후의 범죄였습니다. 그러므로 해고 이후의 절도 주거침입은 범죄 성립 여부와는 별개로 하더라도 이 사건 해고예고와는 무관한 것이었지요.

그리고 위 횡령 빔죄도 그 피해액이 5,000원에 불과하였습니다. 따라서 이러한 이유로 해고예고수당 지급의무가 없다고 해석한다면 근로자의 기본적 생활보장 향상이라는 근로기준법의 입법목적이 형해화된다는 문제기 발생할 수 있습니다.

한편 A은 X에게 해고를 통지할 당시 위와 같은 X의 범죄사실이 아

니라 학원 사정이 어렵다는 이유로 해고를 통지하였습니다. 또한 A는 X와 실제 해고예고수당에 미치지 못하는 15일치 임금 56만 원을 해고예고수당 명목으로 지급하기로 합의하기도 하였습니다. 그럼에도 불구하고 A는 이를 지급하지 않았고, 결국 재판까지 받게 된 것이었지요.

결국 법원은 위와 같은 점을 종합하여 "A에게 X에 대한 해고예고수당 지급의무가 없는 경우에 해당한다고 보기 어렵다."라며 A에게 벌금형을 선고하였습니다.

근로기준법위반, 최저임금법위반 / 벌금형

A는 △△이라는 상호로 상시 1명의 근로자를 사용하여 경영하는 사용자였습니다. A는 근로자 X에게 최저임금액 이상의 임금을 지급하지 않았고, 퇴직한 후에도 최저임금액에 미달하는 부분에 대한 임금을 퇴직한 후 14일 이내 지급하지 않았습니다.

「최저임금법」에 따르면 사용자는 최저임금의 적용을 받는 근로자에게 최저임금액 이상의 임금을 지급하여야 합니다. 2019년 1월 1일부터 2019년 12월 31일까지의 최저임금액은 시간급 8,350원이고, 2020년 1월 1일부터 2020년 12월 31일까지의 최저임금액은 시간급 8,590원입니다.[13]

그렇지만 A는 2019년 11월 25일부터 2020년 1월 11일까지 근무하다 퇴직한 X에게 시간급 2,632원에 해당하는 임금을 지급하여 최저임금액 이상의 임금을 지급하지 않아, 최저임금법을 위반하였습니다.

한편 「근로기준법」은 사용자에게 근로자가 사망 또는 퇴직한 경우에는 그 지급 사유가 발생한 때부터 14일 이내에 임금, 보상금, 그 밖에 일체의 금품을 지급하도록 규정하고 있습니다.

그러니 A는 2019년 11월 25일부터 2020년 1월 11일까지 근무하다

13　참고로 2021년도 최저임금액은 시간급 8,720원으로 결정되었습니다.

퇴직한 X에게 최저임금액에 미달하는 2,381,150원을 당사자 사이의 지급기일 연장에 관한 합의 없이 퇴직한 때부터 14일 이내에 지급하지 않아 근로기준법을 위반하였습니다.

법원은 결국 A에게 동종전과가 없고, 미지급한 임금에 대해 민사상 지급 의무가 있는 점 등을 이유로 벌금형을 선고하였습니다.

포괄임금제 근로기준법위반 / 무죄

A는 상시 15명의 근로자를 채용하여 헬스장을 운영하고 있었습니다. A는 해당 사업장에서 근로하다 퇴직한 X에게 연장근로수당 합계 약 800만 원을 당사자 사이의 지급기일 연장에 관한 합의 없이 퇴직일로부터 14일 이내에 지급하지 않아 근로기준법위반 혐의로 재판을 받게 되었습니다.

A는 자신의 혐의에 대해 X와 근로계약서를 작성하면서 "매월 일정액을 연장 근로수당, 휴일근로수당으로 지급한다는 내용으로 포괄임금제를 적용한다는 취지를 명시하였다."라고 주장하였습니다. 따라서 포괄임금제 약정을 하였으니 그에 따라 매월 일정액을 지급함으로써 연장 근로수당, 휴일근로수당을 따로 지급할 의무가 없다는 취지였습니다.

이른바 '포괄임금제'에 의한 임금 지급계약은 사용자와 근로자 사이에 기본임금을 미리 산정하지 아니한 채 법정수당까지 포함된 금액을 월급여액이나 일당임금으로 정하거나 기본임금을 미리 산정하면서도 법정 제 수당을 구분하지 아니한 채 일정액을 법정 제 수당으로 정하여 이를 근로시간 수에 상관없이 지급하기로 약정하는 내용의 임금지급계약을 의미한다(대법원 2008다6052 판결 등 참조).

감시·단속적 근로 등과 같이 근로시간, 근로형태와 업무의 성질을 고려할 때 근로시간의 산정이 어려운 것으로 인정되는 경우에는 이른바 포괄임금제에 의한 임금 지급계약을 체결하더라도 그것이 달리 근로자에게 불이익이 없고 여러 사정에 비추어 정당하다고 인정될 때에는 유효하나, 위와 같이 근로시간의 산정이 어려운 경우가 아니라면 근로기준법상의 근로시간에 관한 규정을 그대로 적용할 수 없다고 볼 만한 특별한 사정이 없는 한 근로기준법상의 근로시간에 따른 임금지급의 원칙이 적용되어야 하므로, 이러한 경우에 포괄임금제 방식의 임금 지급계약을 체결한 때에는 그것이 근로기준법이 정한 근로시간에 관한 규제를 위반하는지를 따져, 포괄임금에 포함된 법정수당이 근로기준법이 정한 기준에 따라 산정된 법정수당에 미달한다면 그에 해당하는 포괄임금제에 의한 임금 지급계약 부분은 근로자에게 불이익하여 무효라 할 것이고, 사용자는 근로기준법의 강행성과 보충성 원칙에 의하여 근로자에게 그 미달되는 법정수당을 지급할 의무가 있다(대법원 2014도8873 판결 등 참조).

임금, 퇴직금 등 지급의무의 존재에 관하여 다툴 만한 근거가 있는 경우라면 사용자가 임금, 퇴직금 등을 지급하지 아니한 데 상당한 이유가 있다고 보아야 할 것이어서 사용자에게 근로기준법 제36조, 제109조 제1항 위반죄(근로자퇴직급여 보장법 제44조 제1호, 제9조 위반죄)의 고의가 있었다고 인정하기 어렵다. 임금, 퇴직금 등 지급의무의 존부 및 범위에 관하여 다툴 만한 근거가 있는지는 사용자의 지급거절 이유 및 지급의무의 근거, 사용자가 운영하는 회사의 조직과 규모, 사업 목적 등 제반사항, 기타 임금, 퇴직금 등 지급의무의 존부 및 범위에 관한 다툼 당시 제반 정황에 비추어 판단하여야 하며, 사후적으로 사용자의 민사상 지급책임이 인정된다고 하여 곧바로 사용자에게 같은 법 제36조, 제109조 제1항 위반죄의 고의가 인정된다고 단정해서는 안 된다(2010도14693 판결 등 참조).

한편 X는 A와의 포괄임금제 약정이 대법원 판례에서 제시하는 요건을 갖추지 못하여 무효라고 주장하기도 하였는데, 법원은 이 사건 근로계약서에 명시적인 포괄임금제 약정이 있었던 점, X가 재직 당시 및 퇴직 이후 14일이 지날 때까지 포괄임금제 약정의 무효 여부와 추가 임금 발생에 관하여 A에게 이의를 제기하지 않은 점 등에 비추어 보면, A에게 연장근로수당 지급 의무 존재에 관하여 다툴 만한 근거가 있다고 보았습니다. 결국 법원은 A에게 근로기준법위반죄의 고의를 인정할 수 없다며 무죄를 선고하였습니다.

영업양도 근로계약서 미교부 / 무죄

A는 ◇◇주식회사의 대표였습니다. A는 ◇◇주식회사 소속 근로자 X에게 근로계약서를 교부하지 않았다는 혐의로 재판을 받게 되었습니다.

「근로기준법」에 따르면 사용자는 근로계약을 체결할 때에 근로자에게 임금, 소정근로시간, 휴일, 연차 유급휴가 등의 근로조건을 명시하여야 하고, 임금의 구성항목·계산방법·지급방법 및 소정근로시간, 휴일, 연차 유급휴가가 명시된 서면을 근로자에게 교부하여야 합니다.

근로기준법

제17조(근로조건의 명시) ① 사용자는 근로계약을 체결할 때에 근로자에게 다음 각 호의 사항을 명시하여야 한다. 근로계약 체결 후 다음 각 호의 사항을 변경하는 경우에도 또한 같다.

1. 임금

2. 소정근로시간

3. 제55조에 따른 휴일

4. 제60조에 따른 연차 유급휴가

5. 그 밖에 대통령령으로 정하는 근로조건

② 사용자는 제1항 제1호와 관련한 임금의 구성항목·계산방법·지급방법 및 제2호부터 제4호까지의 사항이 명시된 서면(「전자문서 및 전자거래 기본법」 제2조 제1호에 따른 전자문서를 포함한다)을 근로자에게 교부하여야 한다. 다만, 본문에 따른 사항이 단체협약 또는 취업규칙의 변경 등 대통령령으로 정하는 사유로 인하여 변경되는 경우에는 근로자의 요구가 있으면 그 근로자에게 교부하여야 한다.

한편 ◇◇주식회사는 ○○주식회사의 기존 근로자들과의 근로계약을 포괄적으로 승계하는 것을 조건으로 영업양수도계약을 체결하여 2019년 5월경 영업을 양도받은 사정이 있었으며, X는 당시 ○○주식회사 소속 근로자였습니다.

영업의 양도라 함은 일정한 영업목적에 의하여 조직화된 업체 즉 인적, 물적 조직을 그 동일성을 유지하면서 일체로서 이전하는 것을 말하는 것이고, 영업이 포괄적으로 양도되면 양도인과 근로자 간에 체결된 고용계약도 양수인에게 승계된다(대법원 91다15225 판결 참조).

법원은 "○○주식회사는 2018년 3월경 근로자 X와 근로계약을 체결하였고, 2019년 5월경 ◇◇주식회사와 사이에 기존 근로자들과의 근로계약을 포괄적으로 승계하는 것을 조건으로 영업양수도계약을 체결한 후 ◇◇주식회사에게 5개 사업장에 관한 영업을 양도한 사실, X는 그 후에도 기존과 동일한 근로조건으로 같은 사업장에서 근무해 온 사실, 영업양도 당시 X가 기존 회사에서 사직한다는 의사를 표시하지 않은 사실이 인정된다."라며, "이러한 사실에 의하면, ○○주식회사와 ◇◇주식회사 사이에 회사의 인적·물적 조직을 그 동일성을 유지한 채 일체로서 포괄적으로 이전하는 이른바 영업양도가 이루어졌고, 이에 따라 X와의 근로계약 역시 A가 대표자인 ◇◇주식회사에게 승계되었다고 봄이 타당하다."라고 판단하였습니다.

그러므로 X는 이미 근로조건이 명시된 근로계약서로 근로계약이 체결된 상황에서 근로계약을 승계하였을 뿐이고 A와 새로이 근로계약을 체결하였다고 보기 어렵다는 것이었지요.

결국 법원은 A에게 근로자 X에 대하여 근로기준법 제17조 제1항 전문에 따른 근로조건 명시의무가 존재한다고 볼 수 없다며 A에게 무죄를 선고하였습니다.

대부분은 변호사를 선임해서 형사 사건에 대응하는 게 혼자 대응하는 것보다는 좋다는 걸 알고 계실 겁니다. 간혹 "변호사를 선임하면 내가 찔리는 게 있어서 변호사 선임했다고 경찰이 의심하지 않을까요? 무죄 주장하려면 혼자 당당히 가야 할 것 같은데요."라고 묻는 분들도 계시지만요.

변호인의 도움을 받아야 하나 고민하는 분들 중에 대부분은 변호사 선임비용이 부담스러운 분들입니다. 변호사 선임비용으로 차라리 합의금에 보태는 게 더 현실적인 것 아닌가 생각할 수도 있고, 어차피 유죄인데 (혹은 무죄인데) 변호사를 선임하느니 그냥 혼자서도 해도 크게 차이가 없지 않을까 고민하기도 합니다. 비용에 부담이 없는 분들은 이런 고민 자체를 잘 안 합니다. 다만 어떤 변호사를 선임하는 게 좋을지를 고민합니다.

저도 같은 내용의 상담을 적잖이 하곤 합니다. 비용 때문에 고민이 많은 분들이요. 이런 경우 정말 변호사를 선임할 필요가 없는 사건이라면 서는 변호사 선임하지 마시라고 조언을 드립니다. 하지만 대부분은 변호사의 선임이 필요한 사건들이지요. 그런 경우 저는 이런 타

협점을 제시합니다.

"수사단계에서는 사선변호사를 선임해서 대응하시고, 재판으로 넘어가서는 국선변호사제도를 이용하시는 것도 방법입니다."

형사 사건에서 수사단계는 매우 중요합니다. 대부분은 수사단계에서 모든 게 끝나고, 재판은 그냥 판단만 받는다고 보시면 편합니다. 수사단계에서 거의 모든 증거가 완성됩니다. 피의자조사를 받으면서 신문조서를 작성하게 되고 이는 증거로서 강력한 힘을 갖습니다. 또한 피해자가 있는 사건이라면 수사단계에서 빨리 합의를 하는 게 가장 유리합니다. 따라서 수사단계에서 변호사를 선임하여 신속히 그리고 철저히 대응을 하고 검사의 불기소 처분이나 기소유예 처분을 받고 끝난다면 다행이고, 기소가 되더라도 재판에서 이러한 자료들이 다 증거나 양형자료로 사용될 테니 추가로 더 할 게 없는 경우도 많습니다.

물론 사선변호사가 국선변호사보다 더 능력이 있다거나 훨씬 더 열심히 해 준다는 식으로 드리는 말씀은 아닙니다. 사선변호사가 국선변호사보다 못한 경우도 당연히 있지요. 그렇기 때문에 사선변호사를 선임하는 경우 좋은 변호사를 찾는 게 중요한 것입니다.

참고로 저는 사선변호사이지만, 공익활동의 일환으로 대법원·서

울고등법원의 국선변호사도 함께하고 있습니다. 그래서 국선과 사선으로 의뢰인들을 다 만나 보았는데, 집중도에서는 차이가 확연히 있습니다. 일단 사선으로 선임한 의뢰인은 사건에 신경을 훨씬 더 많이 쓰십니다. 그만큼 절박하기 때문에 비용을 들여 선임하는 경우가 많은 것이지요. 그러다 보니 변호사 입장에서도 더 집중해서 사건을 들여다볼 수밖에 없고, 또 비용을 받은 만큼 더 신경 쓸 수밖에 없는 것도 솔직한 이야기일 수 있습니다. 그렇기 때문에 수사단계는 사선변호사를 선임해서 변호인의 도움을 받으시길 권해 드리는 것입니다.

그럼에도 불구하고 경제적으로 어렵거나 개인적으로 변호사의 도움을 받기 어려운 사정이 있는 분들을 위해 국선변호사제도에 대해 설명을 드리고자 합니다.

형사 사건에서 변호인의 도움을 받을 수 있는 권리는 「헌법」에 보장되어 있는 권리입니다.

대한민국헌법

제12조 ④ 누구든지 체포 또는 구속을 당한 때에는 즉시 변호인의 조력을 받을 권리를 가진다. 다만, 형사피고인이 스스로 변호인을 구할 수 없을 때에는 법률이 정하는 바에 의하여 국가가 변호인을 붙인다.

형사 사건에서 변호인의 도움을 받은 것이 필요하다는 건 누구나 아는 상식이겠지요. 그렇지만 고령이거나 미성년자인 경우, 혹은 중범죄를 저지른 경우 등 변호인이 꼭 필요하다고 인정되는 경우에 피고인이 변호인을 선임하지 않거나 못하고 있다면 「형사소송법」은 피고인을 위해 법원에서 국선변호인을 선정할 수 있도록 하고 있습니다.

국선변호인에는 필요국선(제33조 제1항), 청구국선(동조 제2항), 재량국선(동조 제3항)의 세 가지 유형이 있습니다. 필요국선은 특정한 요건을 갖춘 경우에 법원이 직권으로 변호인을 선정하는 것이고, 청구국선은 피고인이 변호인을 선임할 수 없는 특별한 사정이 있는 경우 피고인의 청구에 기하여 국선변호인을 선정하는 것이며, 재량국선은 필요국선의 사유가 없고 피고인의 청구가 없더라도 법원이 재량으로 국선변호인을 선정할 수 있는 경우를 뜻합니다.

형사소송법

제33조(국선변호인) ① 다음 각 호의 어느 하나에 해당하는 경우에 변호인이 없는 때에는 법원은 직권으로 변호인을 선정하여야 한다.

1. 피고인이 구속된 때

2. 피고인이 미성년자인 때

3. 피고인이 70세 이상인 때

4. 피고인이 농아자인 때

5. 피고인이 심신장애의 의심이 있는 때

6. 피고인이 사형, 무기 또는 단기 3년 이상의 징역이나 금고에 해당하는 사건으로 기소된 때

② 법원은 피고인이 빈곤 그 밖의 사유로 변호인을 선임할 수 없는 경우에 피고인의 청구가 있는 때에는 변호인을 선정하여야 한다.

③ 법원은 피고인의 연령·지능 및 교육 정도 등을 참작하여 권리보호를 위하여 필요하다고 인정하는 때에는 피고인의 명시적 의사에 반하지 아니하는 범위 안에서 변호인을 선정하여야 한다.

따라서 사선 변호인을 선임하기 어려운 사정이 있는 경우, 국선변호인제도를 이용하여 전문가의 도움을 받아 사건을 해결하도록 노력하여야 할 것입니다.

저작권

　우리는 다양한 콘텐츠들을 매일 접하며 생활하고 있지요. 덕분에 저작권을 보호하여야 한다는 인식이 점점 고취되어 가고는 있으나, 아직도 많이 부족한 것이 현실입니다. 책을 읽어도, 영화를 봐도, 사진을 찍어도 저작권 문제는 늘 함께하는데 너무 어렵고 복잡하게만 인식하게 되는 것 같습니다.

　저작권은 저작자가 그 자신이 창작한 저작물에 대해서 갖는 권리를 뜻합니다. 이때 저작물이란 인간의 사상, 감정을 외부로 표현한 것으로 창작성을 갖추고 외부로 표현된 것을 뜻하고 있습니다. 따라서 인산의 사상이나 감정이 담겨 있지 않거나, 창작성이 없거나, 외부로 표현되지 않은 아이디어와 같은 것은 저작물로서 보호를 받지 못합니다.

　「저작권법」은 저작물을 인간의 사상 또는 감정을 표현한 창작물로 규정하고 있습니다. 위 규정에서 말하는 창작물이란 창작성이 있는 저작물을 말하고, 여기서 창작성이란 완전한 의미의 독창성을 요구하는 것은 아니라고 하더라도 적어도 어떠한 작품이 단순히 남의 것을 모방한 것이어서는 안 되고 작자 자신의 독자적인 사상이나 감정의 표현을 담고 있어야 할 것이므로, 누가 하더라도 같거나 비슷할 수밖에 없는 표현, 즉 저작물 작성자의 창조적 개성이 드러나지 않는 표현을 담고 있는 것은 창작물이라고 할 수 없다.

저작권의 보호 대상은 학문과 예술에 관하여 사람의 정신적 노력에 의하여 얻은 사상 또는 감정을 말, 문자, 음, 색 등에 의하여 구체적으로 외부에 표현한 창작적인 표현형식이고, 거기에 표현되어 있는 내용 즉 아이디어나 이론 등의 사상 및 감정 그 자체는 원칙적으로 저작권의 보호 대상이 아니므로, 저작권의 침해 여부를 가리기 위하여 두 저작물 사이에 실질적인 유사성이 있는지 여부를 판단할 때에도 창작적인 표현형식에 해당하는 것만을 가지고 대비해 보아야 하고, 표현형식이 아닌 사상이나 감정 그 자체에 독창성·신규성이 있는지 등을 고려하여서는 안 된다(대법원 2009도291 판결 참조).

저작권은 방대한 범위와 다양한 쟁점들을 담고 있으나, 복잡한 내용은 최대한 배제하고 방송 캡쳐 화면을 사용하거나, 책의 내용을 인용하여 강의하거나, 기사를 불펌하는 것들과 같이 저작권과 관련하여 궁금해히실 만한 내용을 위주로 몇 가지 사례를 들어 소개하도록 하겠습니다.

A는 인터넷 의류 판매 사이트를 운영하면서, 일본의 ◇◇사가 저작권을 가지고 있는 애니메이션 캐릭터 ▽▽를 복제하여 부착한 후드티와 일본 ♧♧사가 저작권을 가지고 있는 애니메이션 캐릭터 □□를 복재하여 부착한 반팔티 등을 판매하기 위하여 전시하였습니다.

「저작권법」은 누구든지 타인의 저작재산권, 그 밖에 저작권법에 따라 보호되는 재산적 권리를 복제, 공연, 공중송신, 전시, 배포, 대여, 2차적저작물 작성의 방법으로 침해하여서는 안 된다고 규정하고 있습니다.

저작권법

제136조(벌칙) ① 다음 각 호의 어느 하나에 해당하는 자는 5년 이하의 징역 또는 5천만 원 이하의 벌금에 처하거나 이를 병과할 수 있다.

1. 저작재산권, 그 밖에 이 법에 따라 보호되는 재산적 권리(제93조에 따른 권리는 제외한다)를 복제, 공연, 공중송신, 전시, 배포, 대여, 2차적저작물 작성의 방법으로 침해한 자

저작권을 침해하는 경우에도 영리를 목적으로 하였는지 아닌지는

양형을 판단하는 데 중요한 요소가 됩니다. 따라서 A의 경우에도 A거 영리를 목적으로 저작권자들의 저작권을 침해하였다는 것이 공소사실로 적시가 되었습니다.

한편 A는 재판을 받는 과정에서 저작권자로부터 권한을 위임받은 한국의 기업과 합의금을 지급하고 합의를 하였습니다. 이에 해당 기업은 A의 처벌을 원치 않는다는 의사를 재판부에 표시하기도 하였습니다.

결국 A는 전과가 전혀 없는 초범으로서 자신의 잘못을 인정하고 반성하고 있고 합의에 이른 점 등이 참작되어 벌금형의 선고를 유예하는 판결을 받았습니다.

금전적인 손해가 발생하여 피해를 입은 피해자가 있는 사건에서는 피해자에게 손해를 배상하고 합의를 하는 것이 가장 중요합니다. 이 사안의 경우 A가 초범이었으며 합의에 이르게 되었기 때문에 선고유예를 받을 수 있었습니다.

영화 다시보기 저작권법위반 범죄수익은닉규제법위반 / 집행유예

A는 영화 다시보기 사이트를 운영하면서, 해당 사이트에 저작권자의 허락 없이 서버에 업로드 한 영상저작물 영화, 드라마, 미국드라마, 예능 프로그램 등의 링크를 게시하였습니다. 이를 통해 이용자들이 아무런 제약이나 대가 없이 해당 저작물을 PC와 모바일을 통해 링크를 클릭해 바로 재생, 시청할 수 있게 하였습니다.

그리고 A는 위 사이트의 배너광고비를 친구인 Z 명의의 계좌로 송금받기로 마음먹고 Z에게 자신이 운영하는 다른 사이트에서 수익이 생겼는데 그 수익을 대신 받아서 전달해 달라고 말하여 총 2,000여만 원의 수익을 Z로 하여금 대신 입금받도록 하였습니다.

「저작권법」에 따르면 누구든지 타인의 저작재산권, 그 밖에 저작권법에 따라 보호되는 재산적 권리를 복제, 공연, 공중송신, 전시, 배포, 대여, 2차적 저작물 작성의 방법으로 침해하여서는 안 되고, 「범죄수익은닉의 규제 및 처벌 등에 관한 법률」에 따르면 범죄수익의 취득에 관한 사실을 가장하여서는 안 됩니다.

범죄수익은닉의규제및처벌등에관한법률

제3조(범죄수익 등의 은닉 및 가장) ① 다음 각호의 어느 하나에 해

당하는 자는 5년 이하의 징역 또는 3천만 원 이하의 벌금에 처한다.

1. 범죄수익 등의 취득 또는 처분에 관한 사실을 가장한 자

범죄수익은닉의 규제 및 처벌 등에 관한 법률 제3조 제1항 제1호는 '범죄수익 등의 취득 또는 처분에 관한 사실을 가장하는 행위'를 처벌하고 있는바, 이러한 행위에는 이른바 차명계좌라 불리는 다른 사람 이름으로 된 계좌에 범죄수익 등을 입금하는 행위와 같이 범죄수익 등이 제삼자에게 귀속하는 것처럼 가장하는 행위가 포함될 수 있으며, 구체적인 사안에서 차명계좌에 대한 범죄수익 등 입금행위가 '범죄수익 등의 취득 또는 처분에 관한 사실을 가장하는 행위'에 해당하는지 여부를 판단할 때에는 해당 계좌의 실제 이용자와 계좌 명의인 사이의 관계, 이용자의 해당 계좌 사용의 동기와 경위, 예금 거래의 구체적 실상 등을 종합적으로 고려하여야 한다.

그리고 범죄수익은닉의 규제 및 처벌 등에 관한 법률 제3조 제1항 제1호가 규정하는 '범죄수익의 취득 또는 처분에 관한 사실을 가장하는 행위'는 같은 조항 제3호가 규정하는 '범죄수익을 은닉하는 행위'와 달리 '특정범죄를 조장하거나 또는 적법하게 취득한 재산으로 가장할 목적'을 구성요건으로 하고 있지 않음이 법문상 명백하므로, 특정범죄를 조장하거나 또는 적법하게 취득한 재산으로 가장할 목적이

없었더라도 범죄수익 등의 취득 또는 처분에 관한 사실을 가장하였다면 위 법률에 따른 죄책을 면하지 못한다(대법원 2007도10004 판결 참조).

이 사건에서 A는 Z명의 계좌를 이용하여 저작권법위반으로 인한 수익을 취득한 것이었지요. 이는 「범죄수익은닉의 규제 및 처벌 등에 관한 법률」에서 금지하는 범죄수익의 취득에 관한 사실을 가장하는 행위에 해당합니다.

법원은 A가 저작권법위반 범행을 저지른 기간이 1년에 달하고 저작권을 침해한 영상물의 수도 상당한 점은 불리한 사정이나, A가 이 사건 범행을 모두 인정하며 반성하고 있고, 동종 범죄전력이 없는 점 등을 유리하게 참작하여 A에게 징역형의 집행유예를 선고하였습니다.

통상 범죄수익금의 경우 타인의 명의 계좌나 페이퍼 컴퍼니 명의 계좌를 통해 입금받기 쉽습니다. 더 안전하다고 생각하기 때문이겠지요. 그러나 이러한 경우 별도의 범죄가 성립한다는 점도 알아 두는 것이 좋겠습니다.

모의고사 문제 저작물의 공정이용 / 무죄

A는 학원에서 20명의 학생을 가르치는 수학 강사로 근무하면서, 인터넷 강의 사이트 수학 강사 X의 모의고사 문제지에 수록되어 있던 수학 문제와 그 해설을 무단으로 발췌해 학생들에게 수업자료로 배포하였습니다.

이 사건에서 1심은 A에게 유죄를 인정하며 벌금형을 선고하였습니다. 그러자 A는 저작권자의 정당한 이익을 부당하게 해치지 않는 방법으로 이 사건 문제 및 해설을 이용했고, 이 사건 문제 및 해설의 출처도 명시했으므로, 저작물의 공정한 이용에 해당하므로 죄가 되지 않는다고 주장하였습니다.

저작권법

제28조(공표된 저작물의 인용) 공표된 저작물은 보도 · 비평 · 교육 · 연구 등을 위하여는 정당한 범위 안에서 공정한 관행에 합치되게 이를 인용할 수 있다.
제35조의5(저작물의 공정한 이용) ① 제23조부터 제35조의4까지, 제101조의3부터 제101조의5까지의 경우 외에 저작물의 통상적인 이용 방법과 충돌하지 아니하고 저작자의 정당한 이익을 부당하게

해치지 아니하는 경우에는 저작물을 이용할 수 있다.

② 저작물 이용 행위가 제1항에 해당하는지를 판단할 때에는 다음 각 호의 사항 등을 고려하여야 한다.

1. 이용의 목적 및 성격

2. 저작물의 종류 및 용도

3. 이용된 부분이 저작물 전체에서 차지하는 비중과 그 중요성

4. 저작물의 이용이 그 저작물의 현재 시장 또는 가치나 잠재적인 시장 또는 가치에 미치는 영향

저작권법 제25조는 공표된 저작물은 보도·비평·교육·연구 등을 위하여는 정당한 범위 안에서 공정한 관행에 합치되게 이를 인용할 수 있다고 규정하고 있는바, 정당한 범위 안에서 공정한 관행에 합치되게 인용한 것인가의 여부는 인용의 목적, 저작물의 성질, 인용된 내용과 분량, 피인용저작물을 수록한 방법과 형태, 독자의 일반적 관념, 원저작물에 대한 수요를 대체하는지 여부 등을 종합적으로 고려하여 판단하여야 할 것이고, 이 경우 반드시 비영리적인 이용이어야만 교육을 위한 것으로 인정될 수 있는 것은 아니라 할 것이지만, 영리적인 교육목적을 위한 이용은 비영리적 교육목적을 위한 이용의 경우에 비하여 자유이용이 허용되는 범위가 상당히 좁아진다(대법원 97도

2227 판결 등 참조).

이 사건에서 A는 X의 전년도 강의 모의고사 문제지를 발췌한 것이었는데, X는 매년 새로운 문제를 만들어 강의를 하는 사람으로서, 당해 연도에는 X가 해당 문제들을 강의에 사용하지는 않았습니다. 한편 X의 모의고사 문제지에 수록되어 있는 문제 300문제 중 10문제만을 발췌하였고, 해당 문항이 X가 제작한 문제와 해설임을 밝히고 있었습니다.

그리고 X는 인터넷 강의 사이트를 통해 불특정 다수를 상대로 강의하는 강사이고, A는 대입 재수종합반에 다니는 수강생들을 상대로 강의를 하는 강사로서, 주로 강의하는 대상이 전혀 다른 사정이 있었습니다. 한편 A는 이 사건 문제 및 해설을 학원 수강생들에게 나눠줌으로써 해당 학원에서 받는 급여 외에 추가로 경제적인 이득을 얻은 사실도 없었지요.

법원은 이러한 사정들을 종합적으로 판단하여, A가 이 사건 문제 및 해설을 학원 수강생들에게 나누어 준 행위는 이 사건 모의고사 문제지를 정당한 범위 안에서 공정한 관행에 합치되도록 이용한 경우 또는 저작물의 통상적인 이용방법과 충돌하지 아니하고 저작자의 정당한 이익을 부당하게 해치지 아니하는 경우에 해당한다고 볼 수 있다고 보아, A의 행위는 저작권을 침해한 것으로 보기 어렵다고 판단하였습니다. 결국 A는 무죄를 선고받았습니다.

위에서 인용한 대법원 판시 내용과 같이 공정한 관행에 합치되도록 이용하는 경우는 비영리적인 경우에만 인정되는 것은 아닙니다. 그러나 영리를 목적으로 하는 경우라면 그 자유이용의 범위가 줄어들게 됩니다. 그렇기 때문에 영리를 목적으로 이용되었는지 여부를 판단하게 되며, 이러한 내용이 판시 내용에 담기게 되는 것이지요.

A는 화장품 회사 B의 이사로 근무하면서, B에서 판매하는 제품을 광고하기 위해 피해자 주식회사 X의 사전승낙을 받지 않고 X의 방송저작물인 텔레비전 방송프로그램 방송 화면을 캡처하여 B회사 블로그에 올렸습니다.

한편 A는 이 사건 방송화면의 게재는 저작권법상 공정이용에 해당하므로 저작권침해가 아니라고 주장하였습니다.

저작권법 제35조의5는 저작물의 통상적인 이용 방법과 충돌하지 아니하고 저작자의 정당한 이익을 부당하게 해치지 아니하는 경우에는 저작물을 이용할 수 있고, 이에 해당하는지를 판단할 때에는 이용의 목적 및 성격, 저작물의 종류 및 용도, 이용된 부분이 저작물 전체에서 차지하는 비중과 그 중요성, 저작물의 이용이 그 저작물의 현재 시장 또는 가치나 잠재적인 시장 또는 가치에 미치는 영향을 고려하여야 한다고 규정하고 있습니다.

법원은 A가 B회사 블로그에 이 사건 방송 화면을 게재한 것은 A측 제품을 홍보하기 위한 것으로서 영리를 위한 것인 점, 위 게재로 인하여 저작권자인 피해자의 정당한 이익이 침해될 수 있는 점 등에 비추어 볼 때 위 게재는 위 조항에서 정하는 저작물의 공정한 이용에 해당한다고 볼 수 없다며, A에게 벌금형을 선고하였습니다.

이 사건의 경우에도 법원은 저작권법 제35조의5에서 고려사항으로 규정하고 있는 이용의 목적과 성격에 대해 판단하면서, 영리를 목적으로 이 사건 방송화면을 게재한 사정을 설시하였습니다.

A는 노래주점을 운영하면서 노래주점 내에서 약 10개월간 저작권료 약 70만 원에 해당하는 곡들을 불특정 다수의 손님을 상대로 공연하였음에도 한국음악저작권협회에 위 공연에 따른 저작권료를 납부하지 않았습니다.

A는 유흥주점인 노래주점을 운영하며 노래주점을 방문한 손님들에게 사단법인 한국음악저작권협회가 관리하는 다수의 곡을 공연하였습니다. 그러자 한국음악저작권협회는 음악저작물 사용료 징수규정[14]에 따라 계산된 공연사용료를 A에게 청구하였는데 A는 사용료가 너무 과하다는 주장을 하며 이를 납부하지 않았습니다.

한국음악저작권협회는 저작권법 제105조 제1항에 따라 문화체육관광부장관의 허가를 받아 국내외 음악저작자들로부터 신탁받은 음악저작권을 관리하는 비영리 사단법인입니다. 협회는 저작권법 제105조 제9항에 근거하여 저작권 사용료 징수규정을 두어 음악저작권자 대신 음악저작권 이용자들이 납부하여야 할 음악저작권료를 정하고 있지요.

---

14 https://www.komca.or.kr/doc_rule/음악저작물_사용료_징수규정.pdf

제105조(저작권위탁관리업의 허가 등) ① 저작권신탁관리업을 하고자 하는 자는 대통령령이 정하는 바에 따라 문화체육관광부장관의 허가를 받아야 하며, 저작권대리중개업을 하고자 하는 자는 대통령령이 정하는 바에 따라 문화체육관광부장관에게 신고하여야 한다. 다만, 문화체육관광부장관은 「공공기관의 운영에 관한 법률」에 따른 공공기관을 저작권신탁관리단체로 지정할 수 있다.

⑧ 제1항에 따라 저작권위탁관리업의 허가를 받거나 신고를 한 자(이하 "저작권위탁관리업자"라 한다)는 그 업무에 관하여 저작재산권자나 그 밖의 관계자로부터 수수료를 받을 수 있다.

⑨ 제8항에 따른 수수료의 요율 또는 금액 및 저작권신탁관리업자가 이용자로부터 받는 사용료의 요율 또는 금액은 저작권신탁관리업자가 문화체육관광부장관의 승인을 받아 이를 정한다. 이 경우 문화체육관광부장관은 대통령령으로 정하는 바에 따라 이해관계인의 의견을 수렴하여야 한다.

음악저작물 사용료 징수규정에서는 구체적인 음악저작권 이용횟수를 파악하는 것이 곤란한 경우, 이용자와의 협의를 바탕으로 각 장의 유사 이용형태를 통해 집계된 수치를 준용할 수 있도록 정하고 있고(규정 제4조 제2호), 유흥주점의 경우에는 그 해당 영업장의 면적을 기준으로 하여 일률적으로 저작권사용료를 정하고 있습니다(규정 제7조 제1항).

그렇다면 유흥주점을 운영하는 자가 특정 기간 이 사건 협회에서 관리하는 음악저작권을 이용한 경우, 그 기간 동안 얼마만큼의 간격 및 횟수로 음악저작권을 이용하였는지와는 무관하게 이 사건 규정 제7조 제1항에서 정한 바에 따라 계산된 저작권료를 내야 할 의무가 있습니다. 그럼에도 불구하고 A는 이 사건 협회가 청구한 사용료를 내지 않고 음악저작권을 이용하였습니다.

법원은 "A의 행위는 저작권법위반죄에 해당한다."라며, A에게 벌금형을 선고하였습니다.

신문사 편집국장인 A는 X언론사의 기사와 사진을 복제하여 신문에 게재하였습니다.

A는 자신이 A의 기사와 사진을 복제하여 신문에 게재한 것은 단순한 사실의 전달에 불과한 시사보도에 해당하므로 저작권법위반이 아니라고 주장하였습니다.

기자의 사상이나 감정이 창작적으로 표현된 뉴스기사는 「저작권법」이 보호하는 어문저작물에 해당합니다. 따라서 이러한 기사나 사진을 무단으로 복제하여 사용하는 경우에는 저작권법위반이 성립하는 것이지요. 그렇기 때문에 「저작권법」은 창작적 요소가 결여된 '사실의 전달에 불과한 시사보도'를 저작권법상 보호받지 못하는 저작물로 규정하였습니다. 이때 사실의 전달에 불과한 시사보도란 육하원칙 등에 입각하여 짧고 간결하게 작성한 보도기사를 말합니다.

저작권법

제7조(보호받지 못하는 저작물) 다음 각 호의 어느 하나에 해당하는 것은 이 법에 의한 보호를 받지 못한다.

5. 사실의 전달에 불과한 시사보도

저작물로서 보호를 받기 위해서 필요한 창작성이란 완전한 의미의 독창성을 말하는 것은 아니며 단지 어떠한 작품이 남의 것을 단순히 모방한 것이 아니고 작가 자신의 독자적인 사상 또는 감정의 표현을 담고 있음을 의미한다. 한편 저작권법 제7조 제5호는 '사실의 전달에 불과한 시사보도'는 저작권법에 의한 보호를 받지 못한다고 규정하고 있는바, 여기에서의 사실의 전달에 불과한 시사보도라 함은 저작권법의 보호를 받을 가치가 없을 정도로 최소한의 창작성조차 인정되는 않는 경우, 누가 하더라도 같거나 비슷할 수밖에 없는 표현, 즉, 저작물 작성자의 창조적 개성이 드러나지 않는 표현을 담고 있는 것을 의미하는 것으로서 인사발령기사, 부고기사, 주식시세, '누가·언제·어디서·무엇을·어떻게·왜 하였는가'라는 육하원칙에 해당하는 기본적인 사실로만 구성된 간단한 사건·사고기사(화재·교통사고 등)와 같이 단일한 사항에 대하여 객관적인 사실만을 전하고 있어 그 자체로서 저작물성을 인정할 수 없는 것에 한한다고 할 것이고, 사실을 전달하기 위한 보도기사라고 하더라도 소재의 선택과 배열, 구체적인 용어선택, 이두, 문장 표현 등에 창작성이 있거나 작성자의 평가, 비판 등이 반영되어 있는 경우에는 저작권법이 보호하는 저작물에 해당한다고 할 것이다(서울중앙지방법원 2013가소6000300 판결 참조).

이 사건에서 A가 복제한 기사 및 사진은 정치계나 경제계의 동향, 연예·스포츠 소식을 비롯하여 각종 사건이나 사고, 수사나 재판 상황, 판결 내용, 기상 정보 등 여러 가지 사실이나 정보들을 언론매체의 정형적이고 간결한 문체와 표현 형식을 통하여 있는 그대로 전달하는 정도에 그치는 것이었습니다.

이에 법원은 "설사 피고인이 이러한 기사 및 사진을 그대로 복제하여 (신문명 생략)에 게재하였다고 하더라도 이를 저작재산권자의 복제권을 침해하는 행위로서 저작권법 위반죄를 구성한다고 볼 수는 없다."라고 판단, A에게 무죄를 선고하였습니다.

한편 특정 단체 등이 배포한 보도자료에 기반하여 기사를 쓰는 경우가 많은데, 이러한 때에는 저작권이 해당 단체에 있는 것인지 기자가 소속된 언론사에 있는 것인지 의문이 들 수도 있습니다. 이는 보도자료를 배포한 단체에서 관련 기사를 무단으로 복제하여 게시하는 경우 문제가 되지요.

이러한 경우에도 기자가 자신의 생각을 담아 기사화한 때에는 해당 기사의 저작권은 언론사에 있으며, 보도자료의 내용을 그대로 담아 기사화한 것이라면 해당 기사의 저작권은 보도자료를 배포한 단체 등에 있는 것으로 볼 수 있습니다. 이렇듯 기사 역시 저작물로서 보호받기 위해서는 창작적 요소가 필요하다는 것을 잊지 말아야 하겠습니다.

A는 언론사 X의 웹 사이트에 게재되어 있던 기사를 동의 없이 무단으로 복제하여 자신이 운영하는 블로그에 게시하였습니다.

이 사건은 X가 A에게 불법행위 손해배상을 청구한 민사 사건입니다. 저작권위반과 관련하여 기사를 복사해서 개시하는 행위에 있어서 손해액 산정에 대해 다룬 내용이라 많은 분들이 관심을 가질 만한 내용이라 판단되고, 불법행위 손해배상의 전제가 된 저작권위반에 대한 내용도 담겨있어서 민사 사건임에도 불구하고 이번 책에서 함께 소개를 하려고 합니다.

이 사건에서 A는 자신이 기사의 출처를 명시하여 인용하였으므로 저작권 침해가 아니라는 주장을 하였습니다. 불법을 저지른 사실이 없으니 손해를 배상할 의무가 없다는 취지였지요.

이러한 경우 우선 기사를 무단으로 복제한 것이 저작권법위반에 해당하는지를 살펴보아야 합니다. 그러려면 해당 기사가 저작권의 보호를 받는 저작물로 볼 수 있는지가 중요하지요. 앞의 사안에서 보았듯이 기자의 사상이나 감정이 창작적으로 표현된 기사인 경우에는 저작물로 보호를 받을 수 있습니다.

법원은 A가 복제한 이 사건 각 기사는 객관적인 사실의 나열에 그치지 아니하고, 작성자가 직접 선택한 소재이거나 또는 제공된 소재이더라도 일정한 기준에 의하여 간추린 소재를 기사의 내용으로 하고 있으며, 그 소재를 표현할 수 있는 다양한 방법 중에서 작성자가 독자의 이해를 돕기 위하여 선택한 구성 및 배열 방식, 어투, 어휘 등을 사용하여 표현되어 있거나 작성자의 평가, 예상, 전망 등이 반영됨으로써 창조적 개성이 드러나 있으므로, 저작권법의 보호 대상이 되는 저작물에 해당한다고 보았습니다.

그러면서 A는 언론기관이 아닐 뿐만 아니라 A의 사업 내용, 기사가 게재된 블로그의 게시물 등에 비추어 A의 영업에 활용하기 위한 영리적 목적이 다분하다는 점, X는 이 사건 각 기사의 이용을 금지하는 표시를 하고 있었다는 점 등에 비추어 볼 때 A의 이 사건 각 기사의 복제 행위가 저작권 침해가 아니라고 볼 수는 없다고 판시하였습니다.

따라서 A는 X의 이 사건 각 기사에 대한 복제권, 배포권을 침해하였다고 할 것이므로, 특별한 사정이 없는 한, A는 X에게 저작권 침해로 인하여 X가 입은 손해를 배상할 의무가 있다는 것이었지요.

그러나 이러한 경우 정확히 X가 입은 손해에 대해 입증하는 문제가 발생합니다. 명확히 수치로 보이는 손해가 발생한 경우는 아니기 때문에 어떤 식으로 피해액을 산정할 것인지도 쟁점 중에 하나였습니다.

법원은 이에 대해 X와 같은 인터넷 기사를 제공하는 회사들이 일반 기업체와 사이에 그 웹 사이트상에 뉴스 기사를 제공하고 기사를 게시하도록 허락하는 대가로 이용 대금을 지급받고 있고, 그 이용 대금은 기사 한 건당 25만 원에서 50만 원 정도인 사실을 인정할 수 있다며, A의 경우에는 대표자 1인이 운영하고 있는 소규모 업체로서 그 블로그가 크게 활성화되어 있지는 아니한 점, A가 X의 기사를 자신의 블로그에 전재함으로써 얻은 이익도 크지 아니하였을 것으로 보이는 점 등을 종합적으로 고려하여 보면, X가 A와 사이에 기사 제공에 관한 이용 계약을 체결하였더라면 A로부터 받을 수 있었던 이용 대금은 기산 한 건당 25만 원이라고 봄이 상당하다고 판시하였습니다.

결국 이 사안의 경우 A가 적법하게 허락을 받아 기사를 게재하도록 하였다면 A가 X에게 지급하였을 금액을 피해액으로 산정한 것이었습니다. 따라서 이러한 금액은 일률적으로 정해지는 것은 아니고, 각 사안별로 해당 언론사가 기사를 공유하는 데 정한 금액에 따라, 무단으로 복제한 측의 규모나 형태 등 다양한 사정을 참작하여 산정되게 될 것입니다.

책을 쓰면서 구속에 관한 이야기를 많이 하고 있는 것 같습니다. 그만큼 형사 사건에서 구속이란 중요한 주제일 수밖에 없지요. 의뢰인 입장에서도 제일 걱정하는 부분이고 또 변호인으로서도 의뢰인의 구속만은 막고 싶은 때가 많으니까요.

대부분 의뢰인은 구속이 된 경우 혹은 구속이 될 것 같은 경우에 이렇게 묻습니다. "변호사님 보석도 가능한가요?" 그런데 보석제도는 공판단계에서 피고인에게 하는 것이기 때문에 수사단계에서 신청할 수 없습니다. 따라서 형사 사건의 각 단계별로 구속에 대응하여 청구할 수 있는 절차 및 제도에 관해 정리해 보고자 합니다.

1. 구속영장실질심사

현행범으로 체포되거나 갑자기 체포·구속되는 경우도 있지만, 많은 경우 첫 경찰조사 직후 체포되는 경우가 많습니다. 그래서 당장 내일 혹은 당장 이번 주에 경찰 조사를 받으러 오라는 이야기를 듣는 경우 조사 후 집에 돌아갈 수 없을 수도 있겠다는 예상을 할 수 있습니다.

더욱이 벌금형이 없는 범죄의 혐의를 받고 있는 경우이거나, 2차 가해가 발생할 수 있는 경우, 집행유예기간 중에 범죄를 저지른 경우 등은 수사단계에서 구속이 되고 진행이 될 수 있다는 점을 염두에 두어야 합니다.

수사과정에서 다시 말해, 피의자 신분일 때 구속이 되는 경우 영장실질심사를 받게 됩니다. 쉽게 설명하자면 통상 이렇게 진행이 많이 됩니다. 만약 3월 7일 체포가 되었다고 한다면, 경찰은 통상 8일이나 9일에 검사에 구속영장신청을 하고, 검사가 법원에 영장청구를 하게 됩니다. 그러면 영장청구를 한 다음 날 오전이나 오후쯤 구속영장실질심사가 법원에서 열리고, 그날 오후나 저녁 즈음 결과가 나옵니다. 복잡한 사건이거나 법원에 사건이 많은 경우 새벽에 나오기도 합니다.

따라서 체포가 되었다면 빨리 구속영장실질심사에 대비하여 변호인을 선임하여 구속영장실질심사에 대비하는 것이 중요합니다. 구속이 되는 경우 수사도 빨리 진행이 되기 때문에 며칠 고민하다보면 이미 수사가 종결되었을 수도 있습니다. 복잡한 사건이 아닌 경우 경찰이 체포한 날 첫 수사를 하고, 구속영장실질심사가 끝난 후 다시 한두 차례 수사를 더 진행한 후 송치를 하고, 송치 후 검사가 한두 차례 조사를 한 후 바로 기소하기 때문입니다. 심지어 증거가 명확한 경우 검사가 조사를 하지 않고 바로 기소할 수도 있는데 그런 경우 사건처리는 일사천리로 진행됩니다.

제201조(구속) ① 피의자가 죄를 범하였다고 의심할 만한 상당한 이유가 있고 제70조제1항 각 호의 1에 해당하는 사유가 있을 때에는 검사는 관할지방법원판사에게 청구하여 구속영장을 받아 피의자를 구속할 수 있고 사법경찰관은 검사에게 신청하여 검사의 청구로 관할지방법원판사의 구속영장을 받아 피의자를 구속할 수 있다. 다만, 다액 50만 원 이하의 벌금, 구류 또는 과료에 해당하는 범죄에 관하여는 피의자가 일정한 주거가 없는 경우에 한한다.

② 구속영장의 청구에는 구속의 필요를 인정할 수 있는 자료를 제출하여야 한다.

③ 제1항의 청구를 받은 지방법원판사는 신속히 구속영장의 발부여부를 결정하여야 한다.

④ 제1항의 청구를 받은 지방법원판사는 상당하다고 인정할 때에는 구속영장을 발부한다. 이를 발부하지 아니할 때에는 청구서에 그 취지 및 이유를 기재하고 서명 날인하여 청구한 검사에게 교부한다.

⑤ 검사가 제1항의 청구를 함에 있어서 동일한 범죄사실에 관하여 그 피의자에 대하여 전에 구속영장을 청구하거나 발부받은 사실이

있을 때에는 다시 구속영장을 청구하는 취지 및 이유를 기재하여야 한다.

제201조의2(구속영장 청구와 피의자 심문) ① 제200조의2·제200조의3 또는 제212조에 따라 체포된 피의자에 대하여 구속영장을 청구받은 판사는 지체 없이 피의자를 심문하여야 한다. 이 경우 특별한 사정이 없는 한 구속영장이 청구된 날의 다음 날까지 심문하여야 한다.

② 제1항 외의 피의자에 대하여 구속영장을 청구받은 판사는 피의자가 죄를 범하였다고 의심할 만한 이유가 있는 경우에 구인을 위한 구속영장을 발부하여 피의자를 구인한 후 심문하여야 한다. 다만, 피의자가 도망하는 등의 사유로 심문할 수 없는 경우에는 그러하지 아니하다.

③ 판사는 제1항의 경우에는 즉시, 제2항의 경우에는 피의자를 인치한 후 즉시 검사, 피의자 및 변호인에게 심문기일과 장소를 통지하여야 한다. 이 경우 검사는 피의자가 체포되어 있는 때에는 심문기일에 피의자를 출석시켜야 한다.

④ 검사와 변호인은 제3항에 따른 심문기일에 출석하여 의견을 진술할 수 있다.

⑤ 판사는 제1항 또는 제2항에 따라 심문하는 때에는 공범의 분리심문이나 그 밖에 수사상의 비밀보호를 위하여 필요한 조치를 하여야 한다.

⑥ 제1항 또는 제2항에 따라 피의자를 심문하는 경우 법원사무관등은 심문의 요지 등을 조서로 작성하여야 한다.

⑦ 피의자심문을 하는 경우 법원이 구속영장청구서·수사 관계 서류 및 증거물을 접수한 날부터 구속영장을 발부하여 검찰청에 반환한 날까지의 기간은 제202조 및 제203조의 적용에 있어서 그 구속기간에 이를 산입하지 아니한다.

⑧ 심문할 피의자에게 변호인이 없는 때에는 지방법원판사는 직권으로 변호인을 선정하여야 한다. 이 경우 변호인의 선정은 피의자에 대한 구속영장 청구가 기각되어 효력이 소멸한 경우를 제외하고는 제1심까지 효력이 있다.

⑨ 법원은 변호인의 사정이나 그 밖의 사유로 변호인 선정결정이 취소되어 변호인이 없게 된 때에는 직권으로 변호인을 다시 선정할 수 있다.

⑩ 제71조, 제71조의2, 제75조, 제81조부터 제83조까지, 제85조제1항·제3항·제4항, 제86조, 제87조 제1항, 제89조부터 제91조까지 및 제200조의5는 제2항에 따라 구인을 하는 경우에 준용하고, 제48조, 제51조, 제53조, 제56조의2 및 제276조의2는 피의자에 대한 심문의 경우에 준용한다.

2. 구속적부심사

위와 같이 영장실질심사를 하여 구속된 피의자는 구속이 적법하지 않고 필요하지도 않은 것이라는 주장을 하며 다시 한번 법원에 심사를 요청할 수 있습니다. 위에서 설명한 바와 같이 구속된 피의자의 사건은 빨리 진행이 되기 때문에 구속적부심사[15]까지 실제로 진행하는 경우는 흔치 않습니다.

상식적으로 며칠 전에 어느 판사가 구속하기로 판단한 피의자에 대해 갑자기 다른 판사가 구속이 부당하다며 석방하는 일은 거의 없겠지요. 정말 중요한 사항을 영장실질심사 당시에 소명하지 않았다거나 그것이 부당하다고 입증할 만한 중요한 증거가 없는 경우라면 말입니다.

그렇기 때문에 구속적부심사는 구속 직후 피해자와 원만히 합의를 하였거나 하는 등으로 더 이상 구속이 필요가 없게 된 사정의 변경이 있는 경우에 신청을 하게 됩니다.

형사소송법

제214조의2(체포와 구속의 적부심사) ① 체포되거나 구속된 피의자 또는 그 변호인, 법정대리인, 배우자, 직계친족, 형제자매나 가족, 동

---

15 체포의 경우도 구속과 마찬가지로 절차가 가능합니다. 여기서는 구속에 대해서만 설명하겠습니다.

거인 또는 고용주는 관할법원에 체포 또는 구속의 적부심사(適否審査)를 청구할 수 있다.

3. 보석

보석은 기소가 된 이후에 피고인에게 법원이 허가하는 절차입니다. 특별한 사유가 있는 경우 보석보증금을 납부하고 일정 조건을 정하여 석방하는 것입니다.

많은 경우 보석보증금을 납부하는 절차가 있기 때문에 보석이 쉽게 받아들여질 것이라고 착각하기도 하는데, 보석은 쉽게 받아들여지지 않습니다. 앞에서도 설명한 바와 같이 어떤 판사가 구속시켜야겠다고 판단해서 구속시킨 피고인을 특별한 이유도 없는데 굳이 석방해 주지 않습니다.

그렇기 때문에 건강이 매우 좋지 않다거나, 무죄를 주장하면서 공판절차가 길어지고 있다거나 구속 상태로 재판을 받는 것이 어려운 특별한 사정이 있는 경우에만 신청을 하도록 권하고 있습니다. 만약 집행유예가 예상되고 공판절차가 곧 마무리될 상황인 때에는 선고기일을 빨리 잡아 달라고 요청하는 게 더 적절해 보이기 때문입니다.

한편 보석이 받아들여지든 안 받아들여지든 신청은 해 볼 수 있는 것 아닌가 생각을 할 수도 있을 거 같은데, 보석은 허가기한의 제한이 없습니다. 그래서 청구를 한 이후 판사가 허가하기까지 마냥 기다려야 하는 경우가 대부분입니다. 그런 경우 피고인들은 보석이 받아들여지지 않을까 기대를 가지고 하루하루 힘들어하는 모습을 많이 보였습니다. 그렇기 때문에 기왕 구속된 상황이니 선고기일을 빨리 잡는 것으로 하고, 판사가 보기에도 구속된 상태로 재판을 받는 게 더 낫지 않냐는 것이지요. 어차피 특별한 이유가 없는 경우에 보석은 잘 안 받아들여지니까요.

형사소송법

제94조(보석의 청구) 피고인, 피고인의 변호인·법정대리인·배우자·직계친족·형제자매·가족·동거인 또는 고용주는 법원에 구속된 피고인의 보석을 청구할 수 있다.

제95조(필요적 보석) 보석의 청구가 있는 때에는 다음 이외의 경우에는 보석을 허가하여야 한다.

1. 피고인이 사형, 무기 또는 장기 10년이 넘는 징역이나 금고에 해당하는 죄를 범한 때

2. 피고인이 누범에 해당하거나 상습범인 죄를 범한 때

3. 피고인이 죄증을 인멸하거나 인멸할 염려가 있다고 믿을 만한 충분한 이유가 있는 때

4. 피고인이 도망하거나 도망할 염려가 있다고 믿을 만한 충분한 이유가 있는 때

5. 피고인의 주거가 분명하지 아니한 때

6. 피고인이 피해자, 당해 사건의 재판에 필요한 사실을 알고 있다고 인정되는 자 또는 그 친족의 생명·신체나 재산에 해를 가하거나 가할 염려가 있다고 믿을 만한 충분한 이유가 있는 때

제96조(임의적 보석) 법원은 제95조의 규정에 불구하고 상당한 이유가 있는 때에는 직권 또는 제94조에 규정한 자의 청구에 의하여 결정으로 보석을 허가할 수 있다.

제98조(보석의 조건) 법원은 보석을 허가하는 경우에는 필요하고 상당한 범위 안에서 다음 각 호의 조건 중 하나 이상의 조건을 정하여야 한다.

1. 법원이 지정하는 일시·장소에 출석하고 증거를 인멸하지 아니하겠다는 서약서를 제출할 것

2. 법원이 정하는 보증금에 해당하는 금액을 납입할 것을 약속하는 약정서를 제출할 것

3. 법원이 지정하는 장소로 주거를 제한하고 주거를 변경할 필요가 있는 경우에는 법원의 허가를 받는 등 도주를 방지하기 위하여 행하는 조치를 받아들일 것

4. 피해자, 당해 사건의 재판에 필요한 사실을 알고 있다고 인정되는 사람 또는 그 친족의 생명·신체·재산에 해를 가하는 행위를 하지 아니하고 주거·직장 등 그 주변에 접근하지 아니할 것

5. 피고인 아닌 자가 작성한 출석보증서를 제출할 것

6. 법원의 허가 없이 외국으로 출국하지 아니할 것을 서약할 것

7. 법원이 지정하는 방법으로 피해자의 권리 회복에 필요한 금전을 공탁하거나 그에 상당하는 담보를 제공할 것

8. 피고인이나 법원이 지정하는 자가 보증금을 납입하거나 담보를 제공할 것

9. 그 밖에 피고인의 출석을 보증하기 위하여 법원이 정하는 적당한 조건을 이행할 것

4. 구속집행정지

법원은 상당한 이유가 있는 때에 결정으로 구속된 피의자나 피고인의 구속집행을 정지할 수 있습니다. 「형사소송법」에는 구속집행정지의 사유가 명시되어 있지 않으나, 일반적으로 구속된 피고인이 급박한 상황인 때(질병, 출산, 장례 등) 구속집행이 정지됩니다.

예를 들어 피고인이 구속된 상태로 재판을 받고 있는데 그 부모가 돌아가신 경우 가족관계증명서, 사망진단서, 장례식장 정보 등을 제

출하여 구속집행정지를 신청하여야 하고, 이 경우 법원은 일시적으로 피고인의 구속집행을 정지하는 결정을 하는데, 해당 장례식장과 장지, 거주지로 장소를 한정하고, 장례를 마칠 수 있는 기간을 지정하게 됩니다.

> **형사소송법**
>
> 제101조(구속의 집행정지) ① 법원은 상당한 이유가 있는 때에는 결정으로 구속된 피고인을 친족·보호단체 기타 적당한 자에게 부탁하거나 피고인의 주거를 제한하여 구속의 집행을 정지할 수 있다.
> ② 전항의 결정을 함에는 검사의 의견을 물어야 한다. 단, 급속을 요하는 경우에는 그러하지 아니하다.

5. 형집행정지

앞의 구속집행정지와 형집행정지는 구속되어 있는 상태에서 일시적으로 석방한다는 개념에서는 같지만, 구속집행정지는 형이 확정되기 전에 수사나 재판을 받는 때에 구속된 것을 전제로 하는 것이고, 형집행정지는 말 그대로 확정된 형을 살고 있는 것이라는 차이가 있습니다.

구속집행정지의 경우 상당한 이유가 있는 때라고만 규정되어 있으나, 형집행정지의 경우 「형사소송법」에 그 사유가 명시되어 있다는 차이가 있습니다.

> 제471조(자유형집행의 정지) ① 징역, 금고 또는 구류의 선고를 받은 자에 대하여 다음 각 호의 1에 해당한 사유가 있는 때에는 형을 선고한 법원에 대응한 검찰청검사 또는 형의 선고를 받은 자의 현재지를 관할하는 검찰청검사의 지휘에 의하여 형의 집행을 정지할 수 있다.
>
> 1. 형의 집행으로 인하여 현저히 건강을 해하거나 생명을 보전할 수 없을 염려가 있는 때
>
> 2. 연령 70세 이상인 때
>
> 3. 잉태 후 6월 이상인 때
>
> 4. 출산 후 60일을 경과하지 아니한 때
>
> 5. 직계존속이 연령 70세 이상 또는 중병이나 장애인으로 보호할 다른 친족이 없는 때
>
> 6. 직계비속이 유년으로 보호할 다른 친족이 없는 때
>
> 7. 기타 중대한 사유가 있는 때

위에 설명한 다섯 가지 제도가 피의자나 피고인이 변호인의 도움

을 받을 수 있는 전부일 것 같습니다. 물론 전문가에게 보다 정확한 상담을 받는 것이 제일 중요하겠지만 자신이 처해 있는 단계에서 어떠한 제도의 도움을 받을 수 있는지, 어떠한 절차나 요건이 필요한지에 대해 정확히 이해하는 것도 큰 도움이 될 것입니다.

변호사가 알려 주는 형사 사건 이야기
(멘사코리아 칼럼 중에서)

1. 목적에 따라 해야 하는 소송은 달라집니다

소송에 대해 전혀 모르시는 분들에게 아주아주 쉽게 설명을 드리자면 소송은 크게 민사와 형사로 나눌 수 있습니다. 민사 사건은 특정 상대방에게 돈을 달라거나 어떤 행위를 해 달라고 청구하는 것이고 형사 사건은 국가가 형벌권을 행사하여 누군가를 처벌하는 것을 내용으로 하고 있습니다.

법은 최후의 수단이어야 하고, 소송은 안 하는 게 상책이지요. 저는 변호사이지만 상담을 하면 "웬만하면 소송은 하지 마시라."라는 말을 많이 합니다. 시간도 오래 걸리고 다투면서 감정은 더 악화되고 돈까지 들어가는 일이니까요. 그러나 법적으로 다툴 수밖에 없는 상황이라면 정확히 어떤 방법으로 어떻게 다퉈야 하는지 아는 것이 중요합니다.

따라서 '법적으로 다투겠다! 법대로 하겠다!'라는 생각이 들었다면 일단 내가 상대방에게 어떤 걸 원하는 것인지 파악해야 합니다. 상대방에게 돈을 받아 내야겠다는 건지(예: 5천만 원 내놔.) 아니면 상대방이 죄를 지었으니 처벌받게 하고 싶은 건지(예: 콩밥 먹어라.) 방향을 명확히 하는 것이 소송을 시작하는 데 큰 도움이 됩니다. 단지 기분이 나쁘고 화가 났다고 해서 무조건 법적으로 다투며 소송을 할 수 있는 건 아니니까요.

2. 형사 사건은 우리 주변보다는 영화나 소설 속에서 더 많이 등장하지요

형사 사건을 전문 분야로 하다 보니, 구치소나 유치장에 다닐 일은 일상다반사입니다. 법원은 물론 경찰서, 검찰청도 쉼 없이 다니게 되지요. 평범한 사람이 평생 살면서 경찰서 조사받는 일도 흔치 않은 일일 텐데, 저는 밥 먹고 맨날 다니는 곳이 이렇다 보니 참 독특하고 재밌는 삶이라는 생각도 듭니다.

언젠가는 제가 의뢰인과의 약속에 좀 늦은 이유를 설명하느라, "경찰서 갔다 오는 데 생각보다 시간이 오래 걸려서 늦었습니다. 죄송합니다."라고 말하였더니, 그 의뢰인께서 "아이고 어쩌다가 경찰서를 다 다녀오셨습니까. 괜찮으십니까."라고 묻더군요. 그냥 제 일인데 아마 저에게 무슨 문제가 있어서 경찰서에 다녀왔나 보다 걱정을 해 주신 것 같았습니다. 묘한 기분이 들었지요.

법률가가 아닌 분들에게 형사 사건이란 현실보다는 영화나 소설 속에서 등장하는 것으로 나오는 먼 얘기로만 여겨질 것입니다. 그렇다 보니 경찰서나 검찰청은 나와는 무관하고 어떤 불행한 일을 당한 일부 사람들만 찾는 특별한 공간으로만 느껴지기도 할 테니까요.

3. 형사 사건은 아무런 예고 없이, 사고처럼 찾아오기도 합니다

민사 사건은 오래 묵혀 둔 일이 어느 순간 터져 발생하는 경우가 많습니다. 따라서 소송이 들어올 것을 어느 정도 예견할 수 있거나 대비할 수도 있지요.

그러나 형사 사건은 사고처럼, 아무런 예고 없이 갑자기 다가오는 경우가 많습니다. 술을 마시다 시비가 붙어 사람과 치고받고 싸웠다거나 충동적으로 법적으로 문제되는 행위를 하는 경우들도 적지 않지요. 고의로 하는 경우는 물론 실수로 저지른 일도 있고요. 전혀 생각지도 못했는데 어느 날 갑자기 누군가가 날 고소했다는 전화를 받을 수도 있습니다.

형사 사건에 휘말리면 당사자는 물론 가족이나 주변인들 역시 큰 충격에 빠지게 됩니다. 여느 때와 다름없이 회사에 출근하여 일을 하다가 체포·구속되는 일이 벌어질 수도 있습니다. 그리고 휴대전화를 이용한 범죄 혐의가 있다면 주거지나 사무실에서 갑자기 경찰들이 찾아와 휴대전화와 외장하드 등 전자기기를 압수하는 일도 발생할 수 있지요. "자녀분이 지금 경찰서에 있다."라는 말을 들으면 얼마나 놀라겠습니까.

상담을 하다 보면 "살면서 내가 경찰조사를 받게 될 줄은 꿈에도 몰랐어요."라거나 "우리 애한테 이런 일이 생길 줄은 상상도 못했어요."라는 말을 많이 듣습니다. 저도 변호사가 되기 전에는 형사 사건이란 특별한 사람들만이 얽히는 일이라고 생각했었던 거 같습니다. 그러나 이 일을 하면서 형사 사건은 사회적으로 아무런 물의 한번 일으킨 적 없이 평범하게 살던 사람들에게도 어느 날 갑자기 불쑥 찾아올 수 있는 것임을 알게 되었지요.

4. 만약 형사 사건에 휘말리게 된다면 절대로 혼자 대응하지 마세요

물론 그런 일이야 없어야겠지만, 갑자기 경찰서에서 온 전화를 받았다면 당황하지 말고 "변호사를 선임해서 조사를 받겠습니다."라고 말하고 끊으시길 권합니다.

'일단 무슨 사건인지 내가 가서 한번 들어봐야겠다.'라거나 '변호사를 선임하기 전에 내가 이게 될 만한 사건인지 파악부터 해 보겠다.'라며 무턱대고 경찰서로 찾아가 조사를 받는 경우 돌이킬 수 없는 결과를 낳게 됩니다. 물론 본인에게 불리한 방향으로 말이지요.

형사 사건에서는 첫 조사 시의 진술을 매우 중요하게 봅니다. 조사는 아무런 증거나 내용을 알려 주지 않은 채 수사관이 일방적으로 질의하는 형식으로 진행되는데, 일반인의 경우 수사관이 왜 저런 질문을 하는지 의도를 파악하기가 쉽지 않습니다.

그러나 수사관의 질문에는 하나도 의미 없는 것이 없지요. 범죄를 성립하는 데 필요한 구성요건이거나 죄질을 판단하는 데 유의미한 질문들을 하게 됩니다. 따라서 수사관의 질문에 무턱대고 '나는 죄가 없으니 생각나는 대로 말하겠다.'라며 내용 파악도 제대로 안 된 상태에서 이런저런 대답을 하게 되면 나중에 그 내용이 진의와는 다르게 돌아오는 경우도 허다합니다. 자신은 부인하는 취지로 한 말이었는데, 알고 보니 자백을 한 것과 다름없었다거나 하는 경우입니다.

조사 시의 진술은 유죄의 증거로 사용될 수 있습니다. 시간이 흐른 뒤에 "나는 그런 의도로 한 말이 아니었다."라거나 "그런 뜻인지 몰랐다."라고 해 봤자 진술을 번복하는 꼴밖에 되지 않습니다. 진술 번복은 피의자에게 제일 불리한 것 중 하나입니다.

누구든 자신의 일에는 감정이 개입되기 때문에 사건이 객관적으로 잘 보이지 않습니다. 오죽하면 저도 꿈속에서 경찰서에서 조사받으러 오라는 전화를 받은 적이 있었는데, 제일 먼저 휴대전화를 열어 아는 변호사 이름부터 훑었을까요. 형사 사건을 전문적으로 수행하는 변호사인 저도 제 일이라면 '변호사의 도움을 받아야겠다.'라는 생각부터 드는데, 법률가가 아닌 분들이야 더 설명할 필요도 없지요. 그건 자신의 인생에 대한 최선의 노력의 일환입니다. 형사 사건은 너무나 무서운 것이니까요.

형사 사건이란 정말 잔혹한 결과를 낳기도 합니다. 수사를 위해 일단 구속부터 하는 경우도 적지 않은데, 그런 경우 직장도 일상도 모두 잃게 됩니다. 우리와 늘 함께하는 휴대전화조차 만질 수 없게 되지요. 이후 열심히 다퉈서 무죄를 받는다고 하더라도 한번 구속된 것이

다시 원상회복될까요? 회사에서 다시 받아 줄까요? 가족이 받은 상처가 회복되나요? 정말 어려운 일입니다.

형사 사건에 얽히는 것만으로도 인생 전체가 송두리째 뒤바뀔 수도 있습니다. 본인이 정말 죄를 저질러서 그에 합당한 혐의로 조사를 받게 되었다면 얘기가 조금 다르겠지만, 의도하지 않고 행한 어떤 일로 혹은 자신이 저지르지도 않은 일로 형사 사건에 얽히게 되는 경우도 없지 않습니다.

그렇기 때문에 형사 사건에 휘말리게 된 경우 자신의 인생에 최선을 다하는 길은 일단 좋은 변호사를 선임하는 것에서부터 시작됩니다. 저는 제 진심을 전하고자 "저를 선임하지 않으셔도 좋으니 어떤 변호사든 선임해서 꼭 그 변호사랑 같이 가세요."라는 말을 자주 합니다. 혹시라도 제가 변호사를 선임하는 게 좋다고 말을 하면, '자기 선임해서 돈 벌려고 저런 말을 하는 거 아닌가?' 하는 의심을 지우기 위해서요.

물론 변호사를 선임하는 데에는 비용이 발생하기 때문에, 사정이 여의치 않다면 국선변호인의 도움을 받는 방법도 있습니다. 그러니 '제발 혼자 조사를 받거나 형사 사건에 대응하지는 마시라.'라고 당부하고 또 당부합니다.

5. 마치며

무거운 내용을 어렵게 다루면 다가가기 어려울 것 같아 경험을 바탕으로 쉽게 풀어 쓰고자 노력하였는데 쉽게 읽혔다면 기쁘겠습니다.

최근에는 호기심에 해 본 일이 중범죄로 이어지는 경우도 적지 않고, 휴대전화와 관련한 범죄가 너무나 흔하게 일어나고 있지요. 상황이 이렇다 보니 많은 멘산분들에게 제 경험을 전하면서 '형사 사건에서 조심해야 할 부분들에 대해 강의를 한다면 참 좋겠다.' 생각하고 있었는데 코로나19로 인해 도저히 강의는 진행할 수 없게 되어 칼럼으로 아쉬움을 달래 봅니다.

언젠가 많은 분들과 대면할 수 있는 기회가 온다면 저에게도 참 의미 있는 시간이 될 것 같습니다. 모두 건강하시고 좋은 일들만 가득하시길 바랍니다.

채다은 변호사가 설명하는

복잡한 법 말고,
진짜 형사 사건

ⓒ 채다은, 2022

개정판 1쇄 발행 2022년 1월 20일

지은이   채다은
펴낸이   이기봉
편집   좋은땅 편집팀
펴낸곳   도서출판 좋은땅
주소   서울특별시 마포구 양화로12길 26 지월드빌딩 (서교동 395-7)
전화   02)374-8616~7
팩스   02)374-8614
이메일   gworldbook@naver.com
홈페이지   www.g-world.co.kr

ISBN   979-11-388-0572-8 (03360)